Rechtliche Verantwortlichkeit im Konflikt

Erkenntnis und Glaube
Schriften der Evangelischen Forschungsakademie NF

Band 46

Rechtliche Verantwortlichkeit im Konflikt

Herausgegeben von Udo Ebert,
Arno Schilberg und Christian Ammer

EVANGELISCHE VERLAGSANSTALT
Leipzig

Bibliographische Information der Deutschen Nationalbibliothek
Die Deutsche Nationalbibliothek verzeichnet diese Publikation in der Deutschen Nationalbibliographie; detaillierte bibliographische Daten sind im Internet über http://dnb.dnb.de abrufbar.

Printed in Germany · H 7969

Das Buch wurde auf alterungsbeständigem Papier gedruckt.

Cover: Kai-Michael Gustmann, Leipzig
Satz: Dr. Christian Ammer, Halle/Saale
Druck und Binden: Hubert & Co., Göttingen

ISBN 978-3-374-04175-6
www.eva-leipzig.de

Inhalt

Geleitwort

Rechtliche Verantwortlichkeit im Konflikt. Der Titel des vorliegenden Buches könnte so verstanden werden, als ginge es um eine spezielle juristische Problematik, und tatsächlich stehen Rechtsfragen im Zentrum der meisten Vorträge, die bei der Tagung der Evangelischen Forschungsakademie vom 9. bis 11. Januar 2015 in Berlin gehalten wurden und die hier nun, teilweise bearbeitet, als Aufsätze zusammengestellt sind. Aber Rechtsfragen sind natürlich kein Thema, das überwiegend oder gar ausschließlich Rechtskundige und Rechtsgelehrte betrifft. Während der Tagung wurde mehrfach die Äußerung der im Jahre 2010 verstorbenen DDR-Bürgerrechtlerin Bärbel Bohley zitiert, die mit Blick auf die Entwicklung nach 1989 gesagt hatte, man habe „Gerechtigkeit" gewollt und den „Rechtsstaat" bekommen. Ihr Votum setzt voraus, dass es in der DDR an Gerechtigkeit gemangelt hatte; aber wenn nun Gerechtigkeit und Rechtsstaat unterschieden werden, dann scheint damit fast ein Gegensatz beschrieben zu sein, oder es soll zumindest auf eine Lücke hingewiesen werden, die zwischen Gerechtigkeit und Rechtsstaat besteht. Im Zusammenhang der Regierungsbildung im Freistaat Thüringen Ende 2014 wurde die Frage diskutiert, ob die DDR ausdrücklich als ein Unrechtsstaat zu bezeichnen sei. Damit verband sich die Frage, was genau denn einen Rechtsstaat auszeichnet, zumal angesichts der Tatsache, dass sich die entsprechenden anerkannten Normen wandeln. Natürlich gab es auch in der DDR Rechtsprinzipien, die eingehalten wurden. Aber das Wesen des „Unrechtsstaats" ist ja nicht, dass es überhaupt keine Rechtsnormen und gar keine Rechtspraxis gibt; sein Wesen ist vielmehr die Willkür, der die Menschen ausgesetzt sind. Zum Rechtsstaat gehört die Verlässlichkeit und die öffentliche Überprüfbarkeit von Entscheidungen.

Zwischen dem, was ein Mensch als *Gerechtigkeit* empfindet, und dem, was durch *das Recht* bestimmt wird, kann es durchaus einen Konflikt geben. Das Recht ist eine ausdrücklich kodifizierte Norm, die in Geltung steht und Geltung beansprucht; das gilt auch dann, wenn manche rechtlichen Bestimmungen als vielleicht wenig einsichtig erscheinen mögen. Nicht selten hört man den Satz „Ich will ja nur mein Recht", und hier kann sich bisweilen die Frage stellen, wie sich denn „*mein* Recht" und „*das* Recht" zueinander verhalten. Das Recht ist Wandlungen unterworfen; in manchen Bereichen, etwa im Steuer- oder auch im Hochschulrecht, wechselt das, was als Recht in Geltung steht, außerordentlich häufig. Ob neue Rechtsbestimmungen dem näher kommen, was als „gerecht" empfunden wird, ist eine ganz andere Frage.

Das Thema der Beiträge in diesem Band ist nicht die theoretische Frage, was denn *Recht* sei. Sondern es geht um konkrete Entscheidungen, zumal in Fällen, in denen unterschiedliche rechtliche oder ethische Vorstellungen in Konflikt zueinander geraten. Welche Entscheidung ist richtig, welche Entscheidung lässt sich verantworten? Die Antwort darauf hängt nicht unerheblich von kulturellen und historischen Gegebenheiten ab. So gibt es in nicht wenigen Staaten das zum Teil sogar religiös begründete Recht der Gerichte zur Verhängung der Todesstrafe. Sie ist nicht zuletzt auch in einem Rechtsstaat wie den USA zulässig und wird oft auch vollzogen; diese Praxis entspricht dort „geltendem Recht". Aber man kann und muss Zweifel daran haben, dass dadurch der Gerechtigkeit Genüge getan wird. In der Europäischen Union und in den Mitgliedsstaaten des Europarats ist die Todesstrafe unzulässig; ein entsprechendes Gesetz, durch das in einem Mitgliedsstaat die Todesstrafe eingeführt wird, würde dessen Ausschluss bedeuten. Unterschiedliche Rechtsordnungen sind ein Ergebnis der Geschichte. Das gilt nicht nur im Blick auf unterschiedliche Rechtsnormen in den verschiedenen Ländern; es gilt auch für die rechtsgeschichtliche Entwicklung, wie sie sich schon allein in Deutschland im 20.

Jahrhundert und auch in jüngster Zeit in einem geradezu atemberaubenden Tempo vollzogen hat.

Was geschieht, wenn unterschiedliche Rechtsauffassungen aufeinander treffen? Wer trägt die Verantwortung, wenn sich das Verständnis dessen, was Recht ist, wandelt? Man konnte nach 1945 oft den Satz hören: „Was damals – zwischen 1933 und 1945 – Recht war, kann jetzt nicht Unrecht sein." Und tatsächlich gilt ja der Grundsatz, dass eine Rechtsordnung nicht rückwirkend geändert werden kann – man kann nicht für eine Tat bestraft werden, die zum Zeitpunkt der Tat noch nicht strafbar war. Aber waren deshalb etwa die Urteile des Volksgerichtshofs unter Roland Freisler „rechtens" und womöglich „gerecht"?

Gerechtigkeit spielt in unserem Denken und Handeln eine große Rolle. Auch wenn wir im Einzelfall oft nicht genau wissen, was denn gerecht ist und was nicht. Vielleicht ist Gerechtigkeit in erster Linie gar nicht eine juristische, sondern vor allem eine ethische, womöglich sogar eine moralische Kategorie. Die Vorstellungen von dem, was gerecht ist und was nicht, sind bei den Menschen sehr unterschiedlich. Wie geht eine Gesellschaft, wie gehen wir mit solchen unterschiedlichen, möglicherweise sogar gegensätzlichen Vorstellungen von Gerechtigkeit um? Konkret: Findet das Grundrecht der freien Meinungsäußerung eine Grenze an den Persönlichkeitsrechten anderer? Oder muss jemand eine – womöglich anonym vorgetragene – Schmähkritik hinnehmen, auch wenn die damit verbundenen Sachaussagen nachweislich falsch sind? Die rechtlichen Entscheidungen dazu können unterschiedlich, ja gegensätzlich sein, wie nicht zuletzt unterschiedliche Gerichtsurteile über dieselben Fälle zeigen.

Im Allgemeinen wissen wir oder wir können wissen, was ethisch „erlaubt" ist und was nicht. Wir wissen oder wir können zumindest wissen, welches Handeln oder auch Nicht-Handeln wir vor anderen oder vor uns selbst verantworten können und welches nicht. Ob unser tatsächliches Handeln dann immer diesem Maßstab folgt, ist eine andere Frage. Es kann aber Situationen geben, in denen eine einfache, klare Antwort nicht möglich ist. Wenn zwei oder mehr grundsätzlich mögliche Handlungen ethisch zulässig und womöglich sogar „richtig" sind, lässt sich eine Entscheidung nur sehr schwer treffen.

Es ist hier nicht der Ort, auf die im vorliegenden Band abgedruckten Beiträge im Einzelnen einzugehen. Allen Beiträgen ist die Forderung gemeinsam, ethische und rechtliche Entscheidungen müssten „transparent" sein – man könnte auch sagen: sie müssen begründet werden, und diese Begründungen müssen plausibel sein.

Die antike griechische Philosophie rief den Menschen auf „Erkenne dich selbst". Diese Mahnung gilt auch heute. Aber angesichts der Entwicklung vor allem in der molekulargenetischen Forschung muss ich mir auch die Frage stellen, ob ich wirklich alles über mich wissen muss, was ich wissen kann. Und wie gehe ich dann mit diesem Wissen um, welche Konsequenzen ziehe ich daraus? Während der Tagung erörterte Hans-Hilger Ropers (Berlin) Fragen, die sich im Zusammenhang der medizinischen Genomik stellen. Das Problem ethischer Ambivalenz, also die Möglichkeit, dass eine wissenschaftliche Frage unterschiedlich, ja gegensätzlich beantwortet wird, stellt sich nicht nur in der medizinischen Forschung; aber sie ist dort besonders dringlich und bedarf einer Antwort, weil es hier letztlich auch um die Frage geht, was denn das Wesen des Menschseins ausmacht. Sollen wir uns darauf konzentrieren, angesichts der rasanten Entwicklung in der Genomforschung aus ethischen Gründen vor allzu ungezügeltem „Fortschritt" zu warnen und vor allem auf die Grenzen hinzuweisen? Das wäre möglicherweise kurzschlüssig, denn es kann ja auch Gründe für die Forderung geben, das grundsätzlich Mögliche nun möglichst schnell auch Realität werden zu lassen, z.B. bei der Heilung von Erbkrankheiten. Hier bestehen schon jetzt Konflikte, für die eindeutige und allgemein verbindliche Antworten nur schwer zu finden sind.

Jedenfalls muss die Debatte darüber öffentlich geführt werden, und es sollte versucht werden, einen gesellschaftlichen Konsens zu finden. Das bedeutet nicht, dass alle an der Diskussion Beteiligten derselben Meinung sein müssen; aber unsere Aufgabe besteht gerade darin, zu lernen, mit unterschiedlichen, vielleicht sogar gegensätzlichen Meinungen umzugehen. Ein Kompromiss zwischen einander ausschließenden Positionen erweist sich bisweilen gerade nicht als ein „fauler" Kompromiss, sondern er kann zu einem Ergebnis führen, durch das die weitere Entwicklung auf einem guten Weg vorangetrieben wird.

Ethische und rechtliche Entscheidungen müssen überprüfbar und grundsätzlich korrigierbar sein. Sie müssen verantwortet werden können; ich muss Antwort geben können auf die Frage, warum ich so und nicht anders gehandelt habe. Oft wird, vor allem nach ideologisch oder „religiös" begründeten Straftaten, in der Berichterstattung in den Medien die Formulierung verwendet, eine bestimmte Gruppe habe für die von ihrer Führung angeordnete und von einem oder mehreren ihrer Mitglieder ausgeführte Tat „die Verantwortung" übernommen. Tatsächlich kann aber nur gemeint sein, dass die betreffende Gruppe zugibt (oder sich gar dessen rühmt), ein Verbrechen begangen zu haben. Denn wer einen Terrorakt begeht, handelt unverantwortlich oder verantwortungslos; er übernimmt gerade nicht Verantwortung für sein Handeln, sondern entzieht sich der Verantwortung. Die „richtige" Gesinnung vermag nicht jegliche Handlungsweise zu rechtfertigen. Augustins berühmtes Wort „Liebe und tu was du willst" (*dilige et fac quod vis*) setzt gerade eine bewusste Entscheidung für den Maßstab des Guten, der Liebe (*dilectio*), voraus und bezieht sich nicht auf eine beliebige Gesinnung.

Eines der ethisch brisanten Diskussionsthemen ist im Jahre 2015 die Frage nach der „Sterbehilfe". Während ich diese Zeilen schreibe, hat der Deutsche Bundestag über die unterschiedlichen Gesetzesentwürfe noch nicht abgestimmt; aber die auf einem bemerkenswert hohen Niveau geführte Debatte zeigt, dass man tatsächlich mit plausiblen Gründen unterschiedlicher Meinung sein kann. Dabei spielt oft der Hinweis auf das Gewissen eine fundamentale Rolle: „Mein Gewissen sagt mir ...", so hört man. Der Verweis auf das Gewissen betrifft freilich immer die Entscheidung des Einzelnen – eine Gruppe, gar die Gesellschaft als Ganze kann keine „Gewissensentscheidung" treffen. Aber woran orientiert sich das Gewissen? Ist es wirklich unverwechselbar „mein" Gewissen, das mich zur Rechenschaft verpflichtet und dessen Gebot ich folgen muss? Ist das „Gewissen" womöglich eine „unfehlbare" Instanz? Zumindest muss sich das Gewissen messen lassen an den Maßstäben der vorgegebenen staatlichen bzw. gesellschaftlichen Normen, die ihrerseits durch ein anerkanntes *Ethos* bestimmt und nicht beliebig veränderbar sind.

Dazu sei abschließend auf die biblische Überlieferung verwiesen. In den Schriften des Alten Testaments, der Bibel des Judentums, wird über weite Strecken die Rechtsordnung des Volkes Israel normiert; in diesen Texten spiegelt sich dessen gesellschaftliche Wirklichkeit, wobei die historisch-exegetische Forschung auch Wandlungen im Rechtsverständnis und in der Rechtspraxis feststellt. Die Autoren der neutestamentlichen Schriften entwickeln kein eigenes Verständnis dessen, was im gesellschaftlichen Sinne „Recht" ist; es gibt in der Antike kein „christliches" Konzept für die Gestaltung der Gesellschaft und gar des „Staates". Das mag damit zusammenhängen, dass es im Römischen Reich, innerhalb dessen das Christentum entstand und sich ausbreitete, rechtliche Normen und auch deren Anwendung gab, woran sich auch die Christen orientieren konnten. Vielleicht ergab sich der Verzicht auf die Entwicklung eines eigenen Rechtsverständnisses auch aus der „Naherwartung" – angesichts der Nähe des Weltendes sah man keinen Grund, eigene dauerhafte rechtliche Regelungen zu entwickeln oder zu versuchen, innerhalb des nicht-christlichen Staates nach politischem Einfluss zu streben.

Dennoch will ich an zwei Beispielen rechtliche Aspekte des Glaubens erwähnen, die im Matthäusevangelium aufscheinen. In der Bergpredigt ruft Jesus seine Hörer dazu auf, das biblische Gebot „Du sollst nicht töten" als eine Weisung zu verstehen, die sogar das Zürnen verbietet. Es folgen zwei konkrete Beispiele, die sich auf den Konfliktfall beziehen (Mt 5,23-26): „Wenn du nun deine Opfergabe zum Altar bringst und dir dort einfällt, dass dein Bruder etwas gegen dich hat, dann lass deine Gabe dort vor dem Altar liegen und geh, versöhne dich zuerst mit deinem Bruder; dann komm und bring deine Gabe dar." Ich soll die Versöhnung suchen, auch dann, wenn der Konflikt von der anderen Seite ausgeht. Wird mir bewusst, dass der „Bruder" etwas gegen mich hat, soll ich zur Versöhnung bereit sein, ich soll umkehren und nicht auf die Umkehr des anderen warten.

Beinahe noch konkreter liest sich die Fortsetzung: „Verständige dich mit deinem Gegner in einem Rechtsstreit unverzüglich, solange du mit ihm unterwegs bist, damit er dich nicht dem Richter übergibt und der Richter dem Gerichtsdiener und man dich ins Gefängnis wirft." Da steht am Ende allerdings eine Drohung: „Amen, ich sage dir: Du wirst von dort nicht herauskommen, bis du den letzten Heller bezahlt hast." Hier gibt es bereits den Rechtsstreit, aber empfohlen wird gleichwohl die Verständigung, juristisch gesprochen: der außergerichtliche Vergleich. Wer in dem bereits begonnenen Verfahren der Schuldige ist, sagt Jesus nicht. Aber er empfiehlt, unabhängig von der Schuldfrage, auch hier den Rechtsverzicht – man weiß ja nie, wie es vor Gericht ausgeht.

Anders verhält es sich mit einem innergemeindlichen Konflikt, wie er in der „Gemeinderede" (Mt 18,15ff.) geschildert wird: „Wenn dein Bruder an dir schuldig wird, dann geh und weise ihn unter vier Augen zurecht. Hört er auf dich, so hast du deinen Bruder gewonnen." Hier ist vorausgesetzt, dass die Schuldfrage bereits geklärt ist. Gleichwohl trägt das angeredete „du" die Verantwortung für die endgültige Regelung des Konflikts: Es wird dazu aufgerufen, ein Gespräch unter vier Augen zu führen – fast eine seelsorgliche Beratung, auch wenn der angeredete Mensch („du") als Betroffener nicht neutral, sondern befangen ist. Aber was soll geschehen, wenn der Mahnungs- und Versöhnungsversuch scheitert? „Hört er nicht auf dich, so nimm noch einen oder zwei mit dir, damit alles durch zweier oder dreier Zeugen Mund festgestellt werde", sagt Jesus und nimmt dabei auf die Rechtsbestimmung in 5. Mose 19,15 Bezug („Ein einziger Zeuge soll nicht gegen jemanden den Ausschlag geben, wenn es um irgendeine Schuld geht oder um irgendeine Sünde oder um irgendeine Verfehlung, die einer begangen hat. Auf die Aussage von zwei oder drei Zeugen hin soll eine Entscheidung getroffen werden."). Und wenn auch dieser Versuch der Verständigung ohne Ergebnis bleiben sollte? Dann, so sagt Jesus, „sage es der Gemeinde"; die *ekklesia* ist die „letzte Instanz" (V. 17): „Hört er auch nicht auf die Gemeinde, so sei er für dich wie ein Heide und ein Zöllner", es soll also der Kontakt abgebrochen werden. Die Antike kannte das Prinzip der Gewaltenteilung nicht – der Ankläger war zugleich der Richter. Die dann in V. 18 folgende Aussage, feierlich eingeleitet mit „Amen, ich sage euch", kann vor diesem Hintergrund durchaus als Mahnung gedeutet werden: „Was immer ihr auf Erden bindet, wird auch im Himmel gebunden sein, und was immer ihr auf Erden löst, wird auch im Himmel gelöst sein." Die Zurückweisung dessen, der nicht zur Versöhnung bereit ist, hat Auswirkungen, die über das irdisch Sichtbare hinausgehen. Die Angeredeten sollen sich der besonderen Verantwortung bewusst sein, die sie mit ihrem Urteil womöglich auf sich nehmen, und sie sollen sehr genau darüber nachdenken, ob sie wirklich zu einem im wahrsten Sinne des Wortes „endgültigen" Schuldspruch bereit sind.

Zu danken ist allen, die an der Tagung 2015 als Referenten teilgenommen und die Manuskripte für die vorliegende Veröffentlichung zur Verfügung gestellt haben. Ein besonderer Dank gilt den Herausgebern, die die Mühe der Edition des Bandes auf sich genommen haben.

Andreas Lindemann
Direktor der Evangelischen Forschungsakademie

Vorwort und Einführung in die Thematik

Die Lösung von Konflikten und die Regelung von Verantwortlichkeit gehören zu den zentralen Aufgaben des Rechts.

Konflikte können zwischen Personen bestehen. Aber auch eine einzelne Person kann sich in einem Konflikt befinden; namentlich dergestalt, dass sie einander widerstreitenden Verhaltensanforderungen ausgesetzt ist. Entscheidet sie sich in einem solchen Konflikt für ein bestimmtes Verhalten, so hat sie dieses zu verantworten: vor ihrem Gewissen, vor einer anderen Person, einer gesellschaftlichen Gruppe, einer staatlichen Instanz.

Verantwortlichkeit meint das Einstehenmüssen für die getroffene Entscheidung. Als Maßgabe, als Beurteilungsmaßstab, liegen ihr normative Ansprüche oder Werte zugrunde, die religiöser, ethischer, rechtlicher oder sonstiger Art sein können. Dementsprechend lassen sich religiöse, moralische, rechtliche und andere Verantwortlichkeit unterscheiden. Dieses Buch handelt von rechtlicher Verantwortlichkeit.

Konfliktsituationen vielfacher Art kommen für das Gesagte in Betracht. Wie ist das Verhalten eines Menschen rechtlich zu beurteilen, der im Konflikt zwischen Recht und Gewissen dem Letzteren folgt und gegen das Recht handelt? Ebenso wie das Gewissen kann der Glaube, eine ideologische oder eine politische Überzeugung einen Menschen in Konflikt bringen und ihn zu einem Verhalten veranlassen, das die Frage der rechtlichen Verantwortlichkeit aufwirft. Um einen Fall rechtlicher Verantwortlichkeit im Konflikt handelt es sich auch, wenn jemand in einem Unrechtssystem systemkonforme Taten begeht und nach dem Untergang des Systems von dem neuen System für diese Taten zur Verantwortung gezogen wird. Kann er sich im Widerstreit der beiden Rechtsordnungen auf die Rechtmäßigkeit seines Verhaltens zur Zeit der Tat berufen? Von zunehmender Aktualität sind interkulturelle Konflikte. Wie verhält es sich mit der rechtlichen Verantwortlichkeit einer Person, die aus einer fremden Kultur nach Deutschland eingewandert ist und durch eine Handlung, die ihrer Herkunftskultur entspricht, deutsches Recht verletzt? Entlastet es sie, dass ihre Herkunftskultur die Handlung erlaubte, eventuell sogar gebot?

Rechtliche Verantwortlichkeit manifestiert sich zunächst in einem Urteil über das fragliche Verhalten (als verboten oder erlaubt) und über die handelnde Person (als schuldig oder unschuldig). Vielfach sind an die Verantwortlichkeit Sanktionen geknüpft. Deren Art richtet sich nach dem jeweils betroffenen Rechtsgebiet. Das Verwaltungsrecht kennt andere Sanktionen als das Privatrecht, wieder andere das Strafrecht. Dieses hält in Gestalt der Kriminalstrafe die einschneidendste Sanktion bereit, die der Staat gegenüber dem Einzelnen zur Verfügung hat. Insofern steht bei der Zuschreibung strafrechtlicher Verantwortlichkeit besonders viel auf dem Spiel. Dem tragen die einschlägigen Gesetze Rechnung, indem sie die strafgerichtliche Verurteilung einer Person an strenge prozessuale Kautelen binden und für die strafrechtliche Verantwortlichkeit in der Sache ein differenziertes System von Voraussetzungen vorsehen, das für die Berücksichtigung ungewöhnlicher Umstände als verantwortungsausschließend oder verantwortungsmindernd Raum bietet. Dies gilt in besonderer Weise für Handlungen, die im Konflikt begangen werden.

Gerhard Otte behandelt in seinem Beitrag die Verantwortlichkeit des Richters für seine Entscheidungen. Die Bindung an das Gesetz nimmt dem Richter seine Verantwortung nicht ab. Vielmehr eröffnen etwa Rechtsnormen in Form komparativer Sätze oder Auslegungs- und Abwägungserfordernisse ihm Entscheidungsfreiräume, die er in eigener Verantwortung auszufüllen hat. Kommt er seiner Verantwortung nicht nach, so hat er allerdings Sanktionen zivilrechtlicher, strafrechtlicher oder dienstrechtlicher Art wegen des sog. Richterprivilegs nur in Ausnahmefällen zu befürchten.

Der Versuch, Systemunrecht durch Zuschreibung strafrechtlicher Verantwortlichkeit zu bewältigen, ist in Deutschland, wie *Gerhard Seher* darlegt, an Grenzen gestoßen, die in den Prinzipien des Rechtsstaats liegen. Das lenkt den Blick auf andere Wege des Umgangs mit staatlichem Unrecht: die Wahrheits- und Versöhnungskommissionen in Brasilien und in Südafrika. Von rechtsphilosophischer Warte betrachtet, lassen sich die drei Modelle – das deutsche, das südafrikanische und das brasilianische – unterschiedlichen Ausprägungen der ausgleichenden Gerechtigkeit zuordnen.

Mit interkulturellen Rechtskonflikten in Deutschland befasst sich der Beitrag von *Udo Ebert*. Er geht der Frage nach, inwiefern das Strafrecht in der Lage ist, der Konflikthaftigkeit einer fremdkulturell geprägten Tat bei der Bestimmung der rechtlichen Verantwortlichkeit des Täters Rechnung zu tragen. Die Frage wird unter den Aspekten der gegenwärtigen Gesetzeslage und Rechtsprechungspraxis („quod est"), möglicher Regelungsmodelle („quod esse potest") und höherrangiger normativer Vorgaben („quod esse debet") untersucht.

Ein interkultureller Rechtskonflikt, der in den letzten Jahren Öffentlichkeit, Politik, Wissenschaft, Justiz und Gesetzgeber in Deutschland besonders stark beschäftigt hat, betrifft die Knabenbeschneidung. Die auch historisch bedingte Sensibilität des Themas äußerte sich in der Emotionalität der darüber geführten Debatte. *Günter Jerouschek* geht in seinem Beitrag auf die diversen Aspekte der Thematik ein und zeigt, dass die Diskussion über die Knabenbeschneidung auch durch deren gesetzliche Regelung im Jahre 2012 nicht beendet worden ist.

Dem Verhältnis von Gewissensentscheidung und Rechtsordnung widmet sich die Untersuchung von *Eilert Herms*. Das menschliche Gemeinschaftsleben wird auf Seiten aller Beteiligten von Gewissensentscheidungen bestimmt und in seiner Ordnung durch sie geprägt. Um der Einheitlichkeit und Stabilität der Gemeinschaftsordnung willen existiert die Rechtsordnung. Zwischen dieser und dem Gewissen kann es zu Konflikten kommen. Ihnen sollte durch Verzicht auf Sanktionierung Rechnung getragen werden, soweit dies mit der Aufrechterhaltung der Rechtsordnung als solcher vereinbar ist. Nicht nur bei den Rechtsunterworfenen, auch bei den Akteuren von Rechtssetzung und Rechtsprechung sind Konflikte zwischen Recht und Gewissen möglich.

Recht und Macht, Politik und Justiz geraten oft miteinander in Konflikt. Wie in den daraus resultierenden Auseinandersetzungen das Recht die Macht kontrolliert und die Justiz Politik nicht nur begrenzt, sondern vielfach auch unterstützt, und wie derart der Rechtsstaat seiner Verantwortung für die Befriedung des Gemeinwesens gerecht wird, zeigt am Ende des Bandes *Jürgen Schmude*. Der Rechtsstaat, wie ihn Schmude kennzeichnet, bietet Gewähr für eine friedensstiftende Entscheidung von Konflikten sowie für eine an Gerechtigkeit und Humanität orientierte Beurteilung rechtlicher Verantwortlichkeit des Einzelnen.

Die Thema „Rechtliche Verantwortlichkeit im Konflikt" eröffnete Perspektiven, deren Normen mit denen des Rechts in Konflikt geraten können, und bot damit im Rahmen der juristischen Fragestellung Raum für die Diskussion breit gefächerter gesellschaftlicher Probleme.

Über die Tagung ist in der Zeitschrift „Kirche und Recht" ein ausführlicher Bericht von *Rainer Rausch* und *Karl Georg Spitz* erschienen (KuR 2015; S. 85 - 95).

Wir danken den Referenten dafür, dass sie ihre Referate als Beiträge für diesen Band zur Verfügung gestellt haben, und der Evangelischen Verlagsanstalt für die Publikation dieser Reihe und die sorgfältige Drucklegung.

Jena, Detmold und Halle (Saale) im August 2015
Udo Ebert, *Arno Schilberg* und *Christian Ammer*

Gerhard Otte

Verantwortliches Entscheiden im Recht

1. Was heißt „Entscheiden"?

„Die vollziehende Gewalt und die Rechtsprechung sind an Gesetz und Recht gebunden". So sagt es das Grundgesetz in Artikel 20 Absatz 3. Gerichte und Verwaltungsbehörden[1] haben also das geltende Recht anzuwenden. Wir sprechen aber davon, dass sie „Entscheidungen" treffen. Wie ist das zu verstehen? Ist nur der Entschluss gemeint, sich an das geltende Recht zu halten? Der Rechtsanwender, der die von ihm anzuwendenden Gesetze und Verordnungen ja nicht zu verantworten hat, wäre dann lediglich für die Leistung von Rechtsgehorsam verantwortlich.

Entscheidungen werden nicht nur von Richtern und Verwaltungsbeamten getroffen. Auch wer kein Amt ausübt, trifft ständig Entscheidungen, belanglose, bei denen der Gedanke an Verantwortung verfehlt wäre (wenn wir beispielsweise zwischen Mittagsschlaf und Spaziergang wählen), oder gewichtige, bei denen die Frage nach der Verantwortung gegenüber anderen oder auch nur gegenüber sich selbst gestellt werden muss (wenn wir uns beispielsweise nach einer feucht-fröhlichen Gesellschaft noch ans Steuer setzen). Es wird für das Verständnis der folgenden Ausführungen hilfreich sein, sich diese Parallele von amtlichen und privaten Entscheidungen zu vergegenwärtigen.

Gehirnforscher wollen erklären oder wenigstens beschreiben, was bei Entscheidungen abläuft. Sie suchen nach Vorgängen oder Dispositionen im Gehirn, die Entscheidungen physisch be-

[1] Da Verwaltungsbehörden grundsätzlich der gleichen Bindung an das geltende Recht unterliegen wie Gerichte, werden behördliche Entscheidungen in den folgenden Ausführungen nicht eigens erwähnt.

obachtbar und vorhersagbar machen. Wenn solche Forscher ein deterministisches Weltbild haben, glauben sie, die Frage nach etwaiger Verantwortung für Entscheidungen sei falsch gestellt, weil sich beweisen lasse, dass wir für nichts verantwortlich sind.

Zur *Neurophysiologie* kann ich nichts beitragen. Ich werde Fragen der *Logik* erörtern und bitte Sie, mir in dieses als vergleichsweise langweilig geltende Gebiet zu folgen. Das ist nötig, weil sich ohne Besinnung auf Grundlagen der Logik nicht sagen lässt, *was* Gerichte überhaupt zu entscheiden haben und wofür Richter verantwortlich sein könnten.

2. Logik: das Subsumtionsmodell

Entscheidungen von Gerichten ergehen in sprachlicher Form, und die Sätze, die die Entscheidung ausdrücken, bedürfen - jedenfalls in allen Rechtsordnungen, die eine Unterscheidung von Rechtssetzung und Rechtsanwendung kennen – einer Begründung. Die Voraussetzungen, an die Gerichte bei ihren Entscheidungen gebunden sind, sind ebenfalls in sprachlicher Form gegeben, entweder von vornherein als Gesetze oder Verordnungen oder im Nachhinein als sprachliche Beschreibung von Gewohnheiten oder – wenn es das geben sollte – Beschreibung dessen, was „von Natur aus" so sein muss. Das Verhältnis der Sätze, die die Entscheidung ausdrücken, zu den Sätzen, die die Entscheidungsvoraussetzungen wiedergeben, ist kein Thema der Neurophysiologie, sondern ein Thema der Logik.

Die Logik befasst sich mit der Ableitung von Sätzen aus anderen Sätzen. Aristoteles, der die Logik als Wissenschaft begründet hat, definierte den Syllogismus, die logische Schlussfolgerung, als eine „Rede (gemeint ist, eine Abfolge von Sätzen), in der, wenn etwas gesetzt ist (gemeint sind die Prämissen), etwas anderes, von dem Gesetzten Verschiedenes (gemeint ist die

Konklusion) mit Notwendigkeit folgt".[2] Den zwingenden Charakter der Schlussfolgerung leitete er nicht aus dem Bedeutungsgehalt der in den Sätzen vorkommenden Subjekts- und Prädikatsbegriffe ab, sondern sah ihn in der Form der Prämissen begründet. Er hat das anhand einfacher Aussagesätze, die dem Subjekt des Satzes ein Prädikat zu- oder absprechen, ausgeführt und ein vollständiges und fehlerfreies System möglicher Schlussfolgerungen aus solchen Sätzen aufgezeigt.[3]

Wenn das Verhältnis von rechtlichen Entscheidungen zu den Voraussetzungen, an die die Entscheidung gebunden ist, dem Verhältnis entsprechen sollte, das im Syllogismus zwischen Konklusion und Prämissen besteht, fragt sich allerdings, was noch zu entscheiden sein soll. Logische Schlussfolgerungen sind Rechenvorgänge, deren Ausführung Computern überlassen werden kann. Die Verantwortung für rechtliche Entscheidungen wäre der eines Buchhalters vergleichbar, der für Rechenfehler verantwortlich ist, aber niemals für das Ergebnis richtigen Rechnens.

Dass Rechtsanwendung die gedankliche Struktur eines Syllogismus habe, ist eine verbreitete Vorstellung. Man spricht vom „Justizsyllogismus" und von „Subsumtion" und meint damit, Rechtsanwendung bestehe in der Feststellung, ob der zu beurteilende Fall den Tatbestandsvoraussetzungen einer möglicherweise einschlägigen Rechtsnorm entspricht, und wenn dies zu bejahen sein sollte, in dem verbindlichen Ausspruch, dass die in der Norm vorgesehene Rechtsfolge im zu beurteilenden Fall gelte. Als erster oder herausragender Vertreter dieses Subsumtionsmodells wird oft Montesquieu genannt, der den Richter als „Mund des Gesetzes" bezeichnet hat.[4] Bedenkt man aber, dass Montesquieu ein Jurist mit reicher Praxiserfahrung als langjähriger Richter und Präsident des Parlaments von Bordeaux war,

---

[2] Aristoteles, Topik I 1, 100a 25-27 (Übersetzung vom Verf.).

[3] Aristoteles, Erste Analytik, Kap. 4-22.

[4] Montesquieu, De l'esprit des loix, l. 11, c. 6, p. 72: « Les juges de la nation ne sont ... que la bouche qui prononce les paroles de la loi".

kann man seine Bemerkung nicht als Beschreibung richterlicher Tätigkeit verstehen, sondern nur als Vorgabe eines Ziels, dem die Gesetzgebung so nahe wie möglich kommen soll (und von dem die Rechtsordnungen seiner Zeit - namentlich die im vorrevolutionären Frankreich - sehr viel weiter entfernt waren als die seit dem ausgehenden 18. Jahrhundert durch umfangreiche Kodifikationen geprägten heutigen kontinentaleuropäischen Ordnungen).

Als Vorgabe eines Zieles, dem der Gesetzgeber jeweils mehr oder weniger nahe gekommen ist, hat das Subsumtionsmodell seine Berechtigung. Falsch ist es jedoch, Rechtsanwendung schlechthin als Subsumtion zu verstehen. Das ist heute in der Rechtswissenschaft ganz unbestritten.[5] Es stellt sich nur die Frage nach den Grenzen der Leistungsfähigkeit des Modells. Ob die Fachliteratur diese Frage befriedigend beantwortet, wage ich zu bezweifeln.

3. Klassifizierende und komparative Sätze

In der juristischen Methodenlehre werden Rechtsnormen als *Bedingungsnormsätze* aufgefasst, das heißt als hypothetische Imperative von der Form: „Wenn der Tatbestand der Norm erfüllt ist, gilt die in der Norm vorgesehene Rechtsfolge". Das entspricht, fasst man den Tatbestand der Rechtsnorm als *Subjekt* auf, dem die Norm als *Prädikat* eine Rechtsfolge zu- (oder auch ab-)spricht, dem Konzept, das der Logik des Aristoteles zugrunde liegt.[6] Der Satz „Alle Menschen sind sterblich" (das am häufigsten gebrauchte Schulbeispiel eines Aussagesatzes) ordnet allem, was unter den Begriff „Mensch" fällt, das Prädikat „sterblich" zu. So ordnen etwa die Normen des Strafrechts allen

---

[5] Zu älteren Auffassungen Ogorek 1986; Schröder 2012 (vor allem §§ 45 ff.).

[6] Vgl. Aristoteles, Hermeneutik Kap. 4-6.

Dieben das Prädikat zu, nach dem Maß des § 242 StGB strafbar zu sein, und die Normen des Zivilrechts allen Käufern das Prädikat, den Kaufpreis zahlen zu müssen, und so weiter. Solche Sätze *klassifizieren*, weil das Zutreffen des Prädikats nur davon abhängt, ob unter den Begriff des Subjekts subsumiert werden kann.

Klassifizierende Sätze reichen jedoch oft nicht aus, um wiederzugeben, was einer Entscheidung zugrunde liegt. Versuchen Sie einmal auszuformulieren, von welchen Gründen Sie sich bei einer der letzten Zeit getroffenen Entscheidung haben leiten lassen, vielleicht einer Entscheidung über Ziel und Zeitpunkt einer Urlaubsreise, oder der Entscheidung, sich einer Vorsorgeuntersuchung zu unterziehen (oder auch zu entziehen). Sie würden feststellen, dass die Maximen Ihres Handelns nicht oder jedenfalls nicht vollständig durch Sätze von der Form „wenn – dann" wiedergegeben werden können. Notwendig wären Sätze von der Form „je mehr – desto eher" oder „je eher – desto eher".

Ausmaß und *Wahrscheinlichkeit* der Folgen eines in Erwägung gezogenen Handelns sind sehr oft nicht in klassifizierenden Sätzen zu erfassen, weil nicht exakt festgestellt, sondern nur geschätzt oder vermutet werden kann, was erforderlich ist, um Chancen zu realisieren oder Risiken zu vermeiden. Sätze, die das zum Ausdruck bringen, sind nicht klassifizierende, sondern *komparative* Sätze.[7] Der Komparativ, die Steigerungsform des Adjektivs, der dazu dient, Vergleiche anzustellen, dient auch dazu, die Relevanz eines Mehr oder Weniger auszudrücken. Inhalt solcher Sätze ist eine Beziehung zwischen einem Mehr oder Weniger der Ausprägung oder Wahrscheinlichkeit eines Merkmals des Subjekts und einem entsprechenden Mehr oder Weniger des Prädikats. Auch Mischformen kommen in Betracht, die das Vorliegen eines Merkmals des Subjekts mit dem Maß der Ausprägung oder Wahrscheinlichkeit des Prädikats in Beziehung setzen („wenn, dann mehr bzw. eher, als wenn nicht").

---

7 Grundlegend Hempel & Oppenheim 1936.

In der Logik des Aristoteles kommen solche Sätze nicht vor. Aristoteles hat die Logik als Theorie der in den athenischen Philosophenschulen praktizierten Streitgespräche entworfen, die nach Regeln verliefen, welche von den Diskutanten auf jeder Stufe der Diskussion ein klares „Ja" oder „Nein" verlangten und kein „Je – desto" zuließen.[8] In dieser Logik fehlt ein Kapitel darüber, dass Sätze nicht nur in der Form eines Syllogismus, also durch zwingende Ableitung aus anderen Sätzen, begründet werden können, sondern auch dadurch, dass sie auf Sätze gestützt werden, die ihre Annahme näher legen als die Annahme des Gegenteils.

Diese Engführung der Logik hat weitreichende Folgen. Wissenschaften, die auf Argumentationen mit komparativen Sätzen angewiesen sind, sehen ihre Wissenschaftlichkeit von anderen, als „exakt" geltenden Disziplinen in Frage gestellt und bezweifeln sie unter Umständen sogar selbst.

4. Komparative Sätze im Recht

In der Rechtswissenschaft, deren (Wieder-)Entstehung im 12. Jahrhundert eng mit der Rezeption der aristotelischen Logik verknüpft ist[9], hat die Orientierung am Modell der klassifizierenden Aussagesätze dazu geführt, dass die Frage nach Rechtsnormen in Form komparativer Sätze[10] bis in das 20. Jahrhundert hinein überhaupt nicht gestellt worden ist. Dabei ist die Existenz solcher Normen unübersehbar, und wer einmal angefangen hat, nach ihnen zu suchen, kommt an kein Ende. Es gibt sie in den unterschiedlichsten sprachlichen Fassungen. Ein besonders einleuchtendes Beispiel ist der § 46 des Strafgesetzbuchs (StGB), der die Grundsätze der Strafzumessung betrifft:

---

[8] Instruktiv Kapp 1965.

[9] Otte 1971.

[10] Eingehend dazu Otte 1972 und 1986.

(1) Die Schuld des Täters ist Grundlage für die Zumessung der Strafe. Die Wirkungen, die von der Strafe für das künftige Leben des Täters in der Gesellschaft zu erwarten sind, sind zu berücksichtigen.

(2) Bei der Zumessung wägt das Gericht die Umstände, die für und gegen den Täter sprechen, gegeneinander ab. Dabei kommen namentlich in Betracht:

- die Beweggründe und Ziele des Täters,
- die Gesinnung, die aus der Tat spricht, und der bei der Tat aufgewendete Wille,
- das Maß der Pflichtwidrigkeit,
- die Art der Ausführung und die verschuldeten Auswirkungen der Tat,
- das Vorleben des Täters, seine persönlichen und wirtschaftlichen Verhältnisse sowie
- sein Verhalten nach der Tat, besonders sein Bemühen, den Schaden wiedergutzumachen, sowie das Bemühen des Täters, einen Ausgleich mit dem Verletzten zu erreichen.

Das Beispiel des § 46 StGB sollte nicht zur Annahme verleiten, komparative Sätze spielten nur für Entscheidungen über eine abstufbare Rechtsfolge (Strafmaß, Höhe einer Geldforderung, Gewährung einer Frist usw.) eine Rolle. Erwägungen, deren logische Form nur in Gestalt komparativer Sätze angemessen zum Ausdruck kommt, haben Bedeutung auch für Entscheidungen über den Eintritt einer nicht abstufbaren Rechtsfolge. Sie können in jeder Phase der Rechtsanwendung anzustellen sein.

Das fängt bei der Ermittlung der relevanten Tatschen an. Wenn die Aussagekraft von Indizien zu beurteilen ist oder widersprechende Zeugenaussagen zu würdigen sind, legt keine Rechtsnorm das Ergebnis fest. Es kann aber plausible Erfahrungssätze geben, von denen sich der Richter bei Bildung seiner Überzeugung vom Sachverhalt leiten lassen muss.

Es gilt auch für die notwendige Präzisierung der zahlreichen in Rechtsnormen vorkommenden unbestimmten Begriffe. § 17 der Straßenverkehrsordnung, die Vorschrift über die Beleuchtung von Fahrzeugen, enthält mehr als ein Dutzend unbestimmte Begriffe („Dämmerung", „Dunkelheit", „Verschmutzung der Beleuchtungseinrichtung" usw.). Ist das Abblendlicht schon in dem Moment einzuschalten, in dem die Sonne ganz unter den Horizont sinkt? Wann genau die Pflicht, nur mit eingeschalteter Beleuchtung zu fahren, einsetzt, sagt das Gesetz nicht. Daher muss es im Einzelfall der Richter entscheiden, der dem Gesetz nicht mehr als die Selbstverständlichkeit entnehmen kann, dass die Pflicht umso eher besteht, je dunkler es ist.

Es gilt ebenso für die Gesetzesauslegung. Die Sprache der Rechtsnormen ist nicht die eindeutige und daher nicht auslegungsbedürftige Sprache der Mathematik, sondern die mit Fachausdrücken angereicherte Umgangssprache. Daher besteht immer wieder die Notwendigkeit, sich um das richtige Verständnis einer Norm zu bemühen. Dass dabei die Besinnung auf den Sprachgebrauch („grammatische" Auslegung), auf die Entstehungsgeschichte des Gesetzes („historische" Auslegung), auf den Zusammenhang der auszulegenden Norm mit den übrigen Normen der Rechtsordnung („systematische" Auslegung) und den mit der Norm zu erreichenden Zweck („teleologische" Auslegung) hilfreich sein kann und daher nicht unterbleiben darf, gehört zu den anerkannten Grundsätzen der Rechtsanwendung. Spricht nicht alles, was bei solchen Bemühungen gefunden werden kann, für ein und dieselbe Auslegung, muss gegeneinander abgewogen werden, was für die eine und was für die andere Auslegung spricht. Welches Gewicht dabei einzelnen Argumenten zukommt, sagt dem Richter kein Gesetz. Er weiß nur, dass es größer oder geringer sein kann.

Es gilt schließlich auch für die Beurteilung der Gültigkeit von Rechtsnormen, wenn nicht nur formale Voraussetzungen gültiger Gesetzgebung, sondern die Vereinbarkeit des Gesetzes mit höherrangigen Normen zu prüfen ist. Welche Normen dabei in Betracht zu ziehen sind, insbesondere ob auch überpositives Recht, das sogenannte Naturrecht, zu beachten ist, kann hier nicht diskutiert werden. Naturrechtlehren entfalten Gerechtigkeitsvorstellungen und postulieren, jedenfalls seit Thomas von Aquin[11], einen Vorrang der Geltung des Naturrechts vor dem positiven Recht. Gegen Naturrecht verstoßende und daher ungerechte Gesetze hätten dann keine Gültigkeit. Ob das richtig ist, kann unter der Geltung des Grundgesetzes insofern dahingestellt bleiben, als die Bindung der Gesetzgebung an die Verfassung (der eingangs zitierte Artikel 20 Absatz 3 des Grundgesetzes sagt auch: „Die Gesetzgebung ist an die verfassungsmäßige Ordnung ... gebunden.") einen Vorrang des Verfassungsgesetzes vor dem einfachen Gesetz impliziert. Weil nur Normen, die den im Grundgesetz zum Ausdruck kommenden Wertvorstellungen widersprechen, ernstlich als ungerecht angesehen werden können, lässt sich also die Geltung ungerechter Gesetze schon anhand der Verfassung, also anhand positiven Rechts, verneinen. Daher darf der Richter der Frage nach der Geltung von Gesetzen, die als ungerecht empfunden werden, keinesfalls ausweichen. Beantworten kann er sie in der Regel nur aufgrund einer Abwägung unterschiedlicher Argumente. Bejaht er die Geltung eines Gesetzes, gegen dessen Verfassungsmäßigkeit Bedenken bestehen, fällt das in seine Verantwortung und kann nicht mit dem bloßen Hinweis auf die Gesetzesbindung der Rechtsprechung gerechtfertigt werden.

5. Exkurs: Rechtsanwendung im Unrechtsstaat

In einem Unrechtsstaat ist die Situation des Rechtsanwenders freilich eine andere, weil die Möglichkeit, offen über gesetzliches Unrecht zu sprechen, nicht oder nur unter Inkaufnahme erheblicher Risiken besteht. Eventuell zeigen sich aber Schleichwege, auf denen die Anwendung eines für ungerecht gehaltenen Gesetzes vermieden werden kann. Hierfür ein Beispiel aus der Rechtsprechung der NS-Zeit:

[11] Th. v. Aquin, Summa theologiae II 2, qu. 60 art. 5.

Nach einem schweren Bombenangriff auf eine Großstadt im Rhein-Main-Gebiet hatte jemand laut gesagt: „Das verdanken wir dem Führer". Nicht wohlgesonnene Nachbarn hatten ihn deswegen angezeigt, und er wurde wegen „Wehrkraftzersetzung" angeklagt. Darauf stand nach § 5 der Kriegssonderstrafrechts-Verordnung die Todesstrafe, sofern die Tat nicht als minderschwerer Fall eingestuft und nur mit Zuchthaus oder Gefängnis geahndet wurde. Der zuständige Strafsenat des Oberlandesgerichts[12] Frankfurt sprach den Angeklagten jedoch frei, weil nicht zu widerlegen gewesen sei, dass er mit „Führer" den Leiter des örtlichen Luftschutzes gemeint habe, dem er das Chaos bei den Bergungs- und Aufräumarbeiten habe anlasten wollen.[13] In den Jahren nach 1933, also in einer Zeit zunehmender Bautätigkeit, stand auf Plakaten an vielen Baustellen: „Dass hier gebaut wird, verdanken wir dem Führer". Daher kann man nicht glauben, die Richter hätten nicht gewusst, auf wen sich die Abwandlung dieses Satzes in der Zeit der Zerstörung bezog. Sie nutzten den Anschein einer ihnen erlaubten Würdigung des Beweisergebnisses, um nicht Unrecht sprechen zu müssen.

Solche oder ähnliche Schleichwege wurden damals nicht oft beschritten. In der Regel wandten die Gerichte die vom nationalsozialistischen Gesetzgeber erlassenen Gesetze, auch wenn sie ersichtlich nur der politischen Unterdrückung oder der rassischen Verfolgung dienten, an, ohne Bedenken zu haben oder zu äußern. Wer das den Richtern zum persönlichen Vorwurf machen will, muss sich fragen lassen, wie er sich in gleicher Lage verhalten würde. Es ist aber nicht dieser bereitwillig oder auch

[12] Die Oberlandesgerichte waren als einzige und damit auch als Tatsacheninstanz zuständig aufgrund einer Durchführungsverordnung zur Kriegssonderstrafrechts-Verordnung.

[13] Die Entscheidung ist bekannt geworden, weil die Denunzianten nach dem Krieg auf Schadensersatz wegen der erlittenen 4-monatigen Untersuchungshaft verklagt wurden (OLG Frankfurt a.M. in: Neue Juristische Wochenschrift 1947/48, 23 f.).

nur aus Furcht geleistete Gesetzesgehorsam, der das Bild des Richters in der NS-Zeit als eines „furchtbaren Juristen"[14] geprägt hat. Es ist das exzessive Ausnutzen von Spielräumen bei der Rechtsanwendung, das Verschärfen und Überbieten des der Unterdrückung und Verfolgung dienenden gesetzlichen Unrechts, das wir als Unrechts-Rechtsprechung ansehen. Auch dafür ein Beispiel, und zwar eines, das zwar „nur" einen in die Zuständigkeit des Amtsgerichts fallenden Anspruch (damals maximal 300 RM) betrifft, aber gerade durch die Banalität des Streitgegenstandes deutlich macht, wie sehr manche Richter um Rechtsprechung aus dem Geist des Nationalsozialismus bemüht waren:

> Ein rheinisches Amtsgericht hatte im Juli 1938 über die Kaufpreisklage eines jüdischen Viehhändlers zu entscheiden. Der Käufer hatte die Zahlung verweigert, weil die gekaufte Kuh nicht die versprochene Milchleistung bringe. Der Richter wies die Klage, anstatt die Berechtigung der Mängelrüge zu prüfen, ab, weil der Kaufvertrag gegen die guten Sitten verstoße und daher nach § 138 Absatz 1 BGB nichtig sei. Dass ein Verstoß gegen die guten Sitten vorliege, begründete er damit, dass die Partei, „das Gewissen der Nation", durch „langjährige umfassende Aufklärung in der Judenfrage" erreicht habe, „dass heute jeder anständige Volksgenosse den Verkehr mit Juden meidet".[15] Die sonst in der Rechtsprechung übliche Umschreibung des Verstoßes gegen die „guten Sitten" als Verstoß „gegen das Anstandsgefühl aller billig und gerecht Denkenden" hätte diese rassistische Zuspitzung nicht nahegelegt. Zu dem Urteil des Amtsrichters konnte es nur kommen, weil denen, die noch bei Juden kauften[16], ein öffentlicher Protest gegen ihre Einstufung als „unehrenhaft" und „unanständig" (so wörtlich das Urteil des Amtsgerichts) nicht möglich war.

[14] Müller 1987.

[15] Staff 1964, 179 ff.

[16] Die Führung von Handelsgeschäften wurde Juden erst nach dem 9. 11. 1938 untersagt.

6. Zur Rationalität von Entscheidungen

Zwischenergebnis dieser Übersicht ist, dass Rechtsanwendung durch die gegebenen Rechtsnormen offensichtlich nur unvollständig programmiert ist. In allen Stadien der Rechtsanwendung kann innerhalb eines vom Normengefüge gelassenen Spielraums die abwägende Entscheidung des Rechtsanwenders nötig werden. Wer das bestreiten würde, hätte eine deterministische Vorstellung von der Rechtsordnung. Er gliche dem Hirnforscher, der ein deterministisches Weltbild hat und daher Freiheit für undenkbar hält und keinen Raum für Verantwortung sieht.

Das Entscheiden innerhalb eines dem Rechtsanwender eröffneten Spielraumes ist kein Entscheiden nach Belieben, sondern ein Entscheiden aus Gründen und daher nicht weniger rational als das schlussfolgernde Denken, dessen Möglichkeit im Subsumtionsmodell vorausgesetzt ist. Wo zwingende Ableitungen aus Prämissen wegen deren Beschaffenheit nicht möglich sind, ist es keineswegs rational, von Entscheidungen abzusehen oder sie dem Würfel oder einem anderen Zufallsgenerator zu überlassen.

Gegen die Rationalität von Entscheidungen kann nicht eingewandt werden, dass Entscheidungen die persönliche Handschrift des Entscheidenden tragen und andere Richter, wenn sie das zu Bemessende anders bemessen oder das gegeneinander Abzuwägende anders gewichten, den gleichen Fall mit anderem Ergebnis entscheiden würden. Dass andere anders entscheiden können, heißt nicht, dass *jede* Entscheidung als richtig hinzunehmen wäre. Es gibt auch Fehlentscheidungen. Die Rechtsprechung hat Kriterien entwickelt, um zwischen vertretbaren und nicht vertretbaren Entscheidungen zu differenzieren. Ob Ermittlungen intensiv genug, Beweiswürdigungen plausibel, Ermessensentscheidungen blind oder hinreichend umsichtig sind, kann anhand solcher Kriterien kontrolliert werden. Der (in Abschnitt 4 zitierte) § 46 des Strafgesetzbuchs ist im wesentlichen eine Auflistung solcher Kriterien, die vom Reichsgericht und vom Bundesgerichtshof für die Strafzumessung aufgestellt wurden. Um eine Fehlentscheidung – so könnte man den Ertrag dieser Rechtsprechung zusammenfassen – handelt es sich, wenn die Entscheidung darauf beruht, dass sie zu Berücksichtigendes übergeht oder sich auf nicht zu Berücksichtigendes stützt oder zu Berücksichtigendes in einer Weise gewichtet, die von der bisherigen Handhabung der Norm auffällig abweicht, ohne dafür eine nachvollziehbare Begründung anzugeben.

7. Rechtliche und moralische Verantwortlichkeit des Richters

Der Mensch als Richter ist nicht durch Automaten ersetzbar. Wen das beunruhigt, der traut sich selbst oder anderen oder sich selbst *und* anderen nicht zu, Entscheidungen zu treffen, die verantwortbar sind. Soll das kein leeres Wort bleiben, muss es eine Verantwortlichkeit für falsche Entscheidungen geben. Man muss über *rechtliche* und über *moralische* Verantwortung nachdenken.

Rechtliche Verantwortlichkeit für falsche Entscheidungen würde in Sanktionen zivilrechtlicher, strafrechtlicher oder dienstrechtlicher Art bestehen. Die zivilrechtliche Sanktion müsste eine Schadensersatzpflicht gegenüber dem Opfer der Fehlentscheidung sein. Seit Anfang des 20. Jahrhunderts gilt allerdings im deutschen Recht, dass Schadensersatzansprüche wegen pflichtwidriger Ausübung hoheitlicher Gewalt nicht gegen den Amtsträger persönlich zu richten sind, sondern gegen den Staat bzw. die öffentlich-rechtliche Körperschaft, in deren Dienst der Amtsträger steht.[17] Das bezweckt nicht den Schutz

[17] Heute Art. 34 GG und Staatshaftungsgesetz vom 26. 6. 1981; zur historischen Entwicklung Heinz Wöstmann in J. von Staudingers Kommentar zum Bürgerlichen Gesetzbuch, Bearb. 2012, § 839 Rn. 4 ff.

des Amtsträgers vor Schadensersatzforderungen, sondern soll gewährleisten, dass der Geschädigte einen auf jeden Fall zahlungsfähigen Schuldner hat. Ob und in welchem Umfang dann der Staat den Amtsträger, der den Schaden angerichtet hat, in Regress nimmt, regeln die dienstrechtlichen Vorschriften.[18]

Schadensersatzansprüche wegen falscher Urteile sind aber von vornherein auf den Fall beschränkt, dass der Richter mit seinem Urteil eine *strafbare* Handlung begangen hat.[19] In erster Linie ist an Strafbarkeit wegen Rechtsbeugung zu denken. Rechtsbeugung (§ 339 StGB) ist ein Vorsatzdelikt. Urteile, deren Fehlerhaftigkeit nur auf Fahrlässigkeit des Richters beruht, erfüllen den Tatbestand der Rechtsbeugung nicht. Dieses „Richterprivileg" bedarf einer Erklärung. Ein Anwalt, der eine einschlägige Rechtsnorm übersieht oder eine Norm falsch versteht, wäre seinem Mandanten für den daraus entstandenen Schaden zweifellos ersatzpflichtig. Dass Fehler von Richtern mit anderem Maß gemessen werden, beruht auf der Erwägung, dass die dem Rechtsfrieden dienende Rechtskraft von Gerichtsentscheidungen untergraben würde, wenn Urteile ohne weiteres in anschließenden Schadensersatzprozessen in Frage gestellt werden könnten, und auf der Annahme, die Furcht vor Regresspflichten könne den Richter bei der Entscheidung schwieriger Sachen so lähmen, dass die Rechtsprechung zum Erliegen kommt.[20]

Auf dienstrechtlichem Wege kann ein Richter wegen eines Fehlurteils, für das er strafrechtlich nicht zur Verantwortung gezogen werden kann, nicht belangt werden. Der Grundsatz der richterlichen Unabhängigkeit (Artikel 97 Absatz 1 GG) beinhaltet die Unzulässigkeit von inhaltlichen Weisungen an den Richter und von inhaltlicher Kontrolle seiner Tätigkeit. Was in ande-

---

[18] § 75 Bundesbeamtengesetz (BBG) und die entsprechenden Bestimmungen der Landesbeamtengesetze; für Richter, die ja keine Beamten im Sinne der Beamtengesetze sind, gelten diese Bestimmungen gemäß § 46 des Deutschen Richtergesetzes (DRiG) entsprechend.

[19] § 839 Abs. 2 S. 1 BGB.

[20] Zur Funktion des "Richterprivilegs" vgl. Wöstmann a.a.O. Rn. 313 f.

ren Berufen immer selbstverständlicher geworden ist, dass nämlich eine Qualitätskontrolle mit rechtlichen Mitteln stattfinden kann, gilt für den Beruf des Richters nicht.

Im Ergebnis kann ein Richter also nur in Ausnahmefällen für Urteile rechtlich zur Verantwortung gezogen werden. Umso wichtiger ist daher die Frage nach seiner moralischen Verantwortung; ich meine damit nicht die kaum hilfreiche Frage, ob andere ihm nachträglich moralische Vorwürfe wegen einer falschen Entscheidung machen können, sondern die Frage, ob er eine moralische Instanz anerkennt, der er wegen der Folgen seiner Entscheidung Rede und Antwort stehen muss, oder ob für ihn die Sache damit abgeschlossen ist, dass er rechtlich nicht belangt werden kann. Ob er die eine oder die andere Einstellung hat, ist alles andere als gleichgültig.

Die Rechtswissenschaft hat hier die Aufgabe, die angehenden Juristen darauf vorzubereiten, dass sie ihr Berufsfeld nur in einer Rechtsordnung finden, in der die Rechtsanwendung unvollständig programmiert ist, und sie daher nicht der Notwendigkeit ausweichen können, sich immer wieder Gedanken über mögliche Freiräume für Entscheidungen zu machen und, wenn sie selbst die Entscheidungen treffen müssen, diese Freiheit verantwortungsvoll auszuüben. Diese Aufgabe kann die Rechtswissenschaft nicht durch Theorien über das Verhältnis von Recht und Moral erfüllen, sondern nur durch überzeugende Beispiele von Problemlösungen. Entsprechende Hilfe muss sie auch den in der Praxis tätigen Juristen leisten, indem sie auf Gestaltungsspielräume hinweist und Wege zu optimalen Ergebnissen zeigt.

Literatur

Aristoteles (1997): Topik (Organon Band 1), Hg. Hans Georg Zekl, Hamburg 1997.

Aristoteles (1998): Kategorien, Hermeneutik (Organon Band 2), Hg. Hans Georg Zekl, Hamburg.

Aristoteles (1998a): Erste Analytik, Zweite Analytik (Organon Band 3/4), Hg. Hans Georg Zekl, Hamburg.

Hempel, Carl G. / Oppenheim, Paul (1936): Der Typusbegriff im Lichte der neuen Logik, Leiden.

Kapp, Ernst (1965): Der Ursprung der Logik bei den Griechen, Göttingen.

Montesquieu (1955): De l'esprit des loix, ed. Jean Brethe de la Gressaye, Paris.

Müller, Ingo ([1]1987): Furchtbare Juristen – die unbewältigte Vergangenheit unserer Justiz, München.

Ogorek, Regina (1986): Richterkönigtum oder Subsumtionsautomat? Zur Justiztheorie im 19. Jahrhundert, Frankfurt a.M.

Otte, Gerhard (1971): Dialektik und Jurisprudenz, Frankfurt a.M.

Otte, Gerhard (1972): Komparative Sätze im Recht, in: Jahrbuch für Rechtssoziologie und Rechtstheorie 2, 301ff.

Otte, Gerhard (1986): Zur Anwendung komparativer Sätze im Recht, in: Das Bewegliche System im geltenden und künftigen Recht (Forschungen aus Staat und Recht 73), Hg. Franz Bydlinski u.a.,271ff.

Schröder, Jan ([2]2012): Recht als Wissenschaft, München.

Staff, Ilse ([1]1964): Justiz im Dritten Reich, Frankfurt a.M.

Gerhard Seher

Strafrechtliche Verantwortlichkeit nach staatlichem Systemwechsel.

Der Umgang mit Umbrüchen in Deutschland, Brasilien und Südafrika

Die Bewältigung staatlicher Systemwechsel gehört zu den politisch und gesellschaftlich sensibelsten Veränderungsphasen. Die Umbrüche ereignen sich oft unvorbereitet und radikal, und nach der Stabilisierung der neuen staatlichen Ordnung erhebt sich ein massives Bedürfnis nach Aufarbeitung vergangener Staatshandlungen, die als Unrecht empfunden werden – nicht nur seitens derer, die solches Unrecht erfahren haben, sondern auch gesamtgesellschaftlich: als Schritt zur historisch-verbindlichen Deutung des überwundenen Regimes. Zu diesem Zweck steht typischerweise das Strafrecht zur Verfügung, so dass es naheliegt, die vergangenen Ereignisse mit seinen Mitteln aufzuklären und zu erledigen. Dem rechtsstaatlichen Strafrecht sind dabei aber Grenzen gesetzt, die zu unbefriedigenden oder gar ungerechten Ergebnissen führen können – wodurch sich die Frage aufdrängt, welche anderen Wege der politischen und emotionalen Bewältigung unrechtsstaatlicher Vergangenheit in Betracht kommen und welchen Erfolg sie mit Blick auf das anzustrebende Ziel versprechen: die sozialen Konflikte und individuellen Schicksale zu einem Frieden zu bringen, auf dem das neue staatliche System aufbauen kann.

So formuliert, weist die Fragestellung sogleich über ihren Titel hinaus: Nicht allein *strafrechtliche* Verantwortlichkeit soll thematisiert werden, sondern das Phänomen der Bewältigung vergangenen Systemunrechts in weiterreichender Perspektive. Ausgehend von der Analyse strafrechtlicher Möglichkeiten und

Grenzen öffnen sich die Überlegungen – rechtsvergleichend – rechtsphilosophischen Kategorien ausgleichender Gerechtigkeit. Die Gedanken gliedern sich in fünf Abschnitte: Eine Vorbemerkung zielt auf die Klärung des tragenden Begriffs „Systemunrecht" und deutet mögliche Arten seiner Aufarbeitung an. Dem deutschen Weg der Aufarbeitung von Systemunrecht aus der Zeit der DDR ist der zweite Abschnitt gewidmet.[1] Dabei steht das Strafrecht als Bewältigungsmechanismus mit seinen Möglichkeiten und Grenzen im Mittelpunkt. Im Kontrast zum deutschen Weg wird im 3. Abschnitt auf den brasilianischen Umgang mit der dortigen, etwa 25 Jahre andauernden Militärdiktatur eingegangen, wo der aufklärenden Suche nach Rekonstruktion von Unrechtstaten der Vorrang vor ihrer strafrechtlichen Ahndung gegeben wird. Schließlich wird im 4. Abschnitt die besondere Situation in Südafrika thematisiert, wo dem Systemwechsel aus dem Apartheid-Regime heraus teilweise bürgerkriegsartige Zustände vorausgegangen waren, deren Bewältigung primär durch Versöhnung zwischen schwarzer und weißer Bevölkerung gesucht wurde, während dem Strafrecht nur eine sekundäre Druckwirkung zukam. Nach diesen drei politischen Modellen des Umgangs mit Systemunrecht schließt der fünfte Abschnitt mit philosophischen Überlegungen zu Fragen und Formen ausgleichender Gerechtigkeit, die dazu beitragen wollen, die zuvor beleuchteten Strategien der Aufarbeitung von Systemunrecht zu bewerten.

[1] Deutschland hatte im 20. Jahrhundert gleich zweimal die Aufarbeitung von Systemunrecht zu leisten: nach dem Untergang der NS-Diktatur und nach dem Zusammenbruch der DDR. Auf die Besonderheiten des Umgangs mit NS-Unrecht soll hier aber nicht eingegangen werden, denn dies ist in seinen historischen und soziologischen Besonderheiten ein eigenständiges Thema, und es gehört angesichts des Alters der letzten noch – als Opfer oder Täter – Betroffenen inzwischen eher in die Rechtsgeschichte.

1. Zum Begriff des Systemunrechts und zu Arten seiner Aufarbeitung

Die Bearbeitung des Themas setzt die Klärung seines zentralen Begriffes voraus. „Systemunrecht" wird verstanden als Vielzahl staatlicher oder staatlich veranlasster Akte, die aus der Sicht einer anderen, nachfolgenden Rechtsordnung als Unrecht erscheinen. Zwei Aspekte prägen diesen Begriff: Nur solche Akte gehören dazu, die vom Staat unmittelbar herrühren oder in seinem Auftrag ausgeführt wurden; und die Bewertung als Unrecht muss aus der Sicht einer anderen Rechtsordnung erfolgen. Auch innerhalb eines Unrechtsstaates gibt es natürlich Handlungen, die nach dessen eigenem Recht Unrecht sind: In der DDR etwa fanden Handlungen von Amtsträgern statt, die gegen DDR-Recht verstießen. Diese aber sind in der Aufarbeitung unproblematisch, weil sie nach beiden relevanten Rechtsordnungen (der zum Tatzeitpunkt geltenden und der nachfolgenden) als Unrecht qualifizierbar sind. Schwierig sind nur solche Akte, die während der Diktaturzeit vom damals geltenden Recht gedeckt waren, aber mit dem Recht des nachfolgenden staatlichen Systems kollidieren.[2]

Die Komplexität politisch-rechtlicher Umbruchphasen bringt viele Wege zur Bewältigung vergangenen Systemunrechts ins Spiel. In Deutschland ist im Wesentlichen die Aufarbeitung mit den Mitteln des Rechts gesucht worden.[3] Das ist naheliegend,

[2] In den Zusammenhang der Aufarbeitung staatlicher Systemwechseln gehören oft auch Handlungen früherer Regimegegner – Brasilien und Südafrika geben dafür beredte Beispiele. Diese aber gingen ja nicht von staatlichen Organen aus, so dass sie kein Systemunrecht darstellen, auch wenn sie bei der Aufarbeitung überwundener Diktaturen von gleich großer Bedeutung für eine friedliche gesellschaftliche Zukunft sind.

[3] Daneben standen freilich auch andere Schritte, speziell die Einrichtung der sog. Stasi-Unterlagen-Behörde, deren Arbeit der Offenlegung von Bespitzelungen dient und damit eine materielle Aufklä-

denn das Recht hat – neben anderen Aufgaben – die maßgebliche Funktion, ein vergangenes Geschehen in allgemeinverbindlicher Weise zu deuten: als rechtes oder unrechtes Handeln, als Straftat oder Unglück.[4] Gerade aber in Phasen des Machtwechsels, der beinahe immer Veränderungen im System des geltenden Rechts mit sich bringt, treten Unsicherheiten über die Deutungsmacht des Rechts auf, denn eine Rechtsordnung gilt für eine bestimmte Zeit und für einen Raum, innerhalb dessen sie wirksam ist; sie ist aber nicht dafür gemacht, Geschehnisse zu beurteilen, die sich in einem früheren Rechtssystem oder in einem Gebiet anderer Rechtsgeltung ereignet haben. Hier wird sie zum Fremdkörper, indem sie neue, zuweilen konträre Maßstäbe an eine Gesellschaft anlegt, die durch anderes Recht regiert und geprägt wurde. Zu welchen Wertungskonflikten dies führt, ist noch zu betrachten. Zudem kann die Härte des Strafrechts – wenn dieses als Aufarbeitungsinstrument eingesetzt wird – dem sozialen Frieden der neuen Epoche abträglich sein, in der Menschen in Frieden miteinander leben sollen, die sich zuvor feindlich gegenüberstanden oder sogar aktiv bekämpft haben.

Beides kann den Einsatz des Rechts als Instrument der Konfliktbewältigung unattraktiv, ja sogar kontraproduktiv machen. Das bestätigt der vergleichende Blick auf andere Länder, die Systembrüche vorwiegend oder sogar ausschließlich mit anderen Mitteln angegangen haben. Allein schon die *Aufklärung* staatlicher Unrechtstaten und der für sie Verantwortlichen kann viel zur Bewältigung erfahrenen Unrechts beitragen. Formen *institutioneller Versöhnung* kommen ebenfalls in Betracht, und in diesem Kontext spielt vor allem die Idee einer *Amnestie* eine wichtige Rolle. Kombinationen aus diesen Instrumenten kommen zu Sprache, nachdem zunächst die strafrechtliche Verantwortlichkeit von Tätern aus der DDR thematisiert wird.

---

rung leistet, die ein „Recht auf Wahrheit“ realisiert, wie es in Brasilien im Mittelpunkt steht; s. zu diesem Recht u. 3.

[4] Auf diese Deutungsfunktion des Rechts hat Kelsen 1960, 3, überzeugend hingewiesen.

2. Der Weg des Rechts: Der Umgang mit DDR-Unrecht nach der deutsche Einigung

Mit dem Untergang der DDR und deren rechtlichem Beitritt zur Bundesrepublik Deutschland erhob sich auf vielfältige Weise das Bedürfnis, das Handeln des DDR-Regimes und dessen Folgen zu rekonstruieren und zu bewerten. Im Mittelpunkt standen und stehen dabei fünf Problemfelder: Die Ahndung der Schüsse an der innerdeutschen Grenze und, in diesem Zusammenhang, die Zuweisung rechtlicher Verantwortlichkeit auch an die Funktionäre der SED-Regierung; die strafrechtliche Aufarbeitung politisch motivierter Akte der Rechtsbeugung, also insbesondere ideologisch motivierter Urteile durch DDR-Gerichte, durch die politisch missliebige Bürger zu Haftstrafen verurteilt wurden; die Enttarnung verdeckter Stasimitarbeiter; und schließlich die Offenlegung der Stasi-Akten zur Einsicht für Betroffene. All diese Problemfelder waren – und sind – für den sozialen und politischen Prozess der Verarbeitung der DDR-Zeit bedeutsam. Im Rahmen des Themas dieser Tagung sind aber nur die beiden ersten Aspekte von besonderem Interesse: die strafrechtliche Ahndung der Schüsse an der innerdeutschen Grenze und die Frage, inwieweit dafür nicht nur die Grenzsoldaten, sondern auch die Funktionäre der SED-Regierung zur Verantwortung zu ziehen waren.[5]

Die Ereignisse, um die es geht, können als bekannt vorausgesetzt werden. Um die rechtliche Problematik zu verdeutlichen, müssen aber die grenzrechtlichen Regelungen der DDR in den

[5] Natürlich zählen auch politisch instruierte oder motivierte Rechtsbeugungen zu Akten von Systemunrecht. Soweit sie dem Recht der DDR widersprachen, lassen sie sich nach dem Systemwechsel ohne große rechtliche Schwierigkeiten in nachträglicher Anwendung des Rechts der DDR ahnden; soweit sie mit praktizierten Auslegungen des DDR-Rechts vereinbar waren, gehören sie zum Systemunrecht; dann stellen sich im wesentlichen dieselben Fragen wie hinsichtlich des im Text thematisierten Grenzregimes der DDR.

Blick genommen werden. Ungenehmigte Grenzübertritte waren nach § 213 StGB-DDR strafbar – ein Tatbestand, der im Grunddelikt als Vergehen ausgestaltet war und nur unter erschwerten Bedingungen auch als Verbrechen geahndet werden konnte, z.B. wenn derjenige, der die Grenze übertrat, dabei bewaffnet war oder „mit besonderer Intensität" vorging. Allerdings genügte es bereits, dass die Flucht „unter Ausnutzung eines Verstecks" erfolgte.[6]

Die Durchsetzung dieses Straftatbestandes wurde abgesichert durch spezielle Ermächtigungen an die Grenztruppen der DDR, zunächst in § 17 Abs. 2 des Gesetzes über die Volkspolizei und ab 1982 in § 27 des GrenzG. Diese Norm lautete in ihren relevanten Ausschnitten:

[6] § 213 StGB-DDR hatte seit dem 28. Juni 1979 den folgenden Wortlaut:
„(1) Wer widerrechtlich die Staatsgrenze der Deutschen Demokratischen Republik passiert oder Bestimmungen des zeitweiligen Aufenthalts in der Deutschen Demokratischen Republik sowie des Transits durch die Deutsche Demokratische Republik verletzt, wird mit Freiheitsstrafe bis zu zwei Jahren oder mit Verurteilung auf Bewährung, Haftstrafe oder mit Geldstrafe bestraft.
(2) ...
(3) In schweren Fällen wird der Täter mit Freiheitsstrafe von einem Jahr bis zu acht Jahren bestraft. Ein schwerer Fall liegt insbesondere vor, wenn
1. die Tat Leben oder Gesundheit von Menschen gefährdet;
2. die Tat unter Mitführung von Waffen oder unter Anwendung gefährlicher Mittel oder Methoden erfolgt;
3. die Tat mit besonderer Intensität durchgeführt wird;
4. die Tat durch Urkundenfälschung (§ 240), Falschbeurkundung (§ 242) oder durch Missbrauch von Urkunden oder unter Ausnutzung eines Verstecks erfolgt;
5. die Tat zusammen mit anderen begangen wird;
6. der Täter wegen ungesetzlichen Grenzübertritts bereits bestraft ist."

„(1) ... Die Schusswaffe darf nur in solchen Fällen angewendet werden, wenn die körperliche Einwirkung ohne oder mit Hilfsmitteln erfolglos blieb oder offensichtlich keinen Erfolg verspricht ...

(2) Die Anwendung der Schusswaffe ist gerechtfertigt, um die unmittelbar bevorstehende Ausführung oder die Fortsetzung einer Straftat zu verhindern, die sich den Umständen nach als ein Verbrechen darstellt ...

(5) Bei der Anwendung der Schusswaffe ist das Leben von Personen nach Möglichkeit zu schonen. Verletzten ist unter Beachtung der notwendigen Sicherheitsmaßnahmen Erste Hilfe zu erweisen."

§ 27 Abs. 2 GrenzG enthielt also eine spezielle Erlaubnis (Rechtfertigungsgrund) für ein gewaltsames Vorgehen von Grenzsoldaten. Auf die Einhaltung des Absatzes 5, der die Schonung von Menschenleben gebot, wurde in der Praxis kein erkennbarer Wert gelegt; Sanktionierungen von Grenzsoldaten, die einen Flüchtling erschossen hatten, obwohl dies zur Verhinderung der Flucht nicht erforderlich war, sind nicht bekannt.

a) Die Verfahren gegen die „Mauerschützen"

In den nach der Wende durchgeführten Strafverfahren gegen die Grenzsoldaten, die in Fluchtfällen von der Schusswaffe Gebrauch gemacht hatten, beriefen diese sich auf § 27 Abs. 2 GrenzG und machten damit eine Rechtfertigung geltend – mit dem Tenor: „Wir haben uns an Recht und Gesetz der DDR gehalten". Auf den ersten Blick schien diese zur Tatzeit geltende Erlaubnis eine strafrechtliche Ahndung der Tötungen an der innerdeutschen Grenze zu sperren. Das aber sahen die bundesdeutschen Gerichte anders. Um zu einer Verurteilung der Soldaten zu gelangen, hatten sie drei erhebliche rechtsdogmatische Hürden zu überwinden.

Vorab war allerdings zu klären, ob das Recht der DDR bei den nach der deutschen Einigung stattfindenden Strafverfahren überhaupt anwendbar war. In dem durch den Einigungsvertrag geschaffenen Art. 315 Abs. 1 EGStGB war geregelt, nach welchem Recht Straftaten aus der Zeit der DDR abzuurteilen waren:

Grundsätzlich sollte das Recht der DDR Anwendung finden, ausnahmsweise das Recht der Bundesrepublik, wenn es sich als milder darstellt. Hier war eindeutig die Regelung des DDR-Gesetzes milder, weil sie ein Verhalten, das nach bundesdeutschem Recht eine Straftat dargestellt hätte, explizit erlaubte. Also waren die Taten nach DDR-Recht zu beurteilen.

(1) Die Rechtfertigung aus § 27 Abs. 2 GrenzG

Damit standen – die *erste dogmatische Hürde* – zunächst die Landgerichte, dann der Bundesgerichtshof (BGH) und schließlich das Bundesverfassungsgericht (BVerfG) vor der Aufgabe, mit dem Rechtfertigungsgrund des § 27 Abs. 2 GrenzG umzugehen. Sowohl der BGH als auch das BVerfG sind einmütig zu dem Urteil gekommen, § 27 Abs. 2 GrenzG sei wegen Verstoßes gegen „Grundgedanken der Gerechtigkeit und Menschlichkeit" als nichtig anzusehen. Indem das Verbot des ungesetzlichen Grenzübertritts über das elementare Tötungsverbot gestellt worden sei, sei gegen die Menschlichkeit verstoßen worden.[7] Die erhebliche Diskrepanz zwischen dem geschützten Rechtsgut – das sich als „Bevölkerungsintegrität der DDR" formulieren lässt – und der dafür erlaubten Opferung von Menschenleben habe die Tötungen an der innerdeutschen Grenze zu einem krass menschenrechtswidrigen Verhalten gemacht.

Wie ließ sich diese Wertung, die doch dem Grundsatz des Einigungsvertrages zuwiderlief, rechtlich begründen? Wie kann eine Rechtsnorm, die zu Zeiten der DDR in Kraft gesetzt war und auch angewendet wurde, die also formell und in einem soziologischen Sinne gültig war, im Rückblick als nichtig angesehen werden? Das gelang im Rückgriff auf die *Radbruchsche Formel*, derzufolge formell erlassenes Recht jedenfalls dann als Nicht-Recht, als nichtig anzusehen sei, wenn es elementaren Grundsätzen der Gerechtigkeit unerträglich widerspricht, da es nicht einmal intendiert, Gerechtigkeit überhaupt anzustreben.[8]

7 BGHSt 39, 1, 15 f.

8 Radbruch 1946, 105, 107.

Dieser Grundsatz, der auch schon bei der Aufarbeitung von nationalsozialistischem Unrecht angewendet worden war,[9] wurde nun von BGH und BVerfG wieder aktiviert.

Problematisch ist daran, dass diese „Formel" selbst gar keine Gesetzeskraft besitzt, sondern rechtsphilosophischer Natur ist. Sie ruht auf einem im Kern naturrechtlichen Begriff des Rechts als einer Normenordnung, die der Idee dient, Gerechtigkeit anzustreben.[10] Deshalb hat der BGH ergänzend internationale Menschenrechtspakte herangezogen, denen die DDR beigetreten war, um völkerrechtlich konsentierte Maßstäbe eines Menschenrechts-Minimums zu formulieren. Dass der Verweis auf die Freizügigkeitsregel des Art. 12 Abs. 2 des Internationalen Paktes über bürgerliche und politische Rechte (IPbürgR) das Urteil einer unerträglichen Menschenrechtswidrigkeit des § 27 Abs. 2 GrenzG trägt, darf aber durchaus bestritten werden.[11]

(2) Verstoß gegen das Rückwirkungsverbot aus Art. 103 Abs. 2 GG

Das führte natürlich unmittelbar zu einem *zweiten dogmatischen Problem*: einem Konflikt mit Art. 103 Abs. 2 GG, der eine rückwirkende Anwendung der Strafgesetze zu Lasten von Angeklagten verbietet. Ignoriert man einen Rechtfertigungsgrund, der zur Tatzeit galt, dann wertet man ein Verhalten, das damals erlaubt war, als verboten – und wendet damit den betreffenden Straftatbestand (konkret: des Totschlags) zu Lasten des Angeklagten an, obwohl er zur Tatzeit durch die Rechtfertigung ausgehebelt war. Es bedurfte damit eines rechtlichen Kunstgriffs, um zu begründen, dass es nicht gegen das Rückwirkungsverbot verstieß, in den Schüssen an der innerdeutschen Grenze einen

[9] S. BVerfGE 3, 225, 232 f.; 6, 132, 198 f.

[10] S. zur „Rechtsidee" Radbruch 2003, 34.

[11] Dieser Gedanke kann hier aus Zeitgründen nicht weiterverfolgt werden. In der rechtswissenschaftlichen Literatur haben sich dazu kritisch geäußert Amelung 1996, 51; *Alexy* 1993, 16; Pawlik 1994, 472, 474 f.; Dreier 1997, 421, 424 ff.

rechtswidrigen Verstoß gegen das strafrechtliche Tötungsverbot zu sehen. Das BVerfG erklärte dazu, Art. 103 Abs. 2 GG gewähre nur das Vertrauen in den Bestand *demokratisch zustande gekommener* Gesetze, nicht aber in die Beachtung solcher Gesetze, die in der Völkergemeinschaft allgemein anerkannte Menschenrechte missachten.[12]

Diese einschränkende Deutung des verfassungsrechtlichen Rückwirkungsverbotes wirft schwerwiegende Fragen auf. Hat nicht jemand, der in einem diktatorischen Regime lebt und an einer bestimmten Stelle für dieses System arbeitet (vielleicht sogar arbeiten muss), ebenso ein Recht darauf, sich auf die Geltung der zur Tatzeit in Kraft befindlichen Rechtsnormen verlassen zu können, wie wir es selbstverständlich mit den Gesetzen unseres Landes tun? Hier zeigt sich sehr deutlich, zu welchen Problemen die nachträgliche Anwendung einer Rechtsordnung auf ein zeitlich und örtlich „fremdes" Gebiet führt: Sie verleitet dazu, das jetzige bzw. neue Recht zu verbiegen, um seine Wertungen der früheren Rechtslage überzustülpen. Eine Einschränkung des Rückwirkungsverbotes auf demokratisch zustande gekommene Gesetze lässt sich Art. 103 Abs. 2 GG beim besten Willen nicht entnehmen.[13] Diese Interpretation ist nicht durch Auslegung, sondern im Wege freier, ergebnisgeleiteter Rechtsfindung entstanden. Und sie führt dazu, den Tätern den Schutz vorzuenthalten, den das Grundgesetz allen unter ihm Lebenden einschränkungslos und gleich gewähren will.[14]

(3) Verbotsirrtum nach § 17 StGB

Selbst wenn man die beschriebene Ausnahme vom Rückwirkungsverbot argumentativ mittragen will, bleibt eine *dritte Hürde* zu überwinden, um die Schüsse an der innerdeutschen Grenze als schuldhafte Straftat brandmarken zu können. § 17 StGB

[12] BVerfGE 95, 96, 130 ff.

[13] S. Schmidt-Aßmann, in: Maunz/Dürig 2006, Art. 103 Abs. 2, Rn. 255 mit weiteren Nachweisen zur Diskussion.

[14] So auch Ebert 1998, 62-64.

legt fest, dass der Täter, dem bei Begehung der Tat die Einsicht fehlt, Unrecht zu tun, ohne Schuld handelt, wenn er diesen Irrtum nicht vermeiden konnte; bei Vermeidbarkeit dieses Verbotsirrtums erfolgt ein Schuldspruch wegen vorsätzlicher Tatbegehung, aber die Strafe kann gemildert werden. Haben nun die DDR-Grenzsoldaten, die auf Flüchtende geschossen haben, geglaubt, dass sie Unrecht tun – trotz des zur Tatzeit geltenden Rechtfertigungsgrundes, auf den sie vor jedem Dienst ausdrücklich hingewiesen wurden? Sind sie also – in intuitiv-moralischer Anwendung der Radbruchschen Formel – davon ausgegangen, dass § 27 Abs. 2 GrenzG wegen Unvereinbarkeit mit grundlegenden Prinzipien der Menschlichkeit als ungültig anzusehen ist? Das musste von den Gerichten in jedem Einzelfall festgestellt werden. Ließ sich das Unrechtsbewusstsein nicht beweisen – und das dürfte die Regel gewesen sein –, war fehlendes Unrechtsbewusstsein zu unterstellen, und dann kam es für eine Verurteilung darauf an, ob die Täter ihren Irrtum über das Verbotensein der Schüsse vermeiden konnten.

Üblicherweise gilt ein Verbotsirrtum als vermeidbar, es sei denn, es liegen eng umgrenzte, besondere Konstellationen vor. Denn die Rechtspraxis geht davon aus, dass jeder die Verbote des Kernstrafrechts und die Ausnahmen kennt, die die Rechtfertigungsgründe formulieren. Hier aber ging es ja nicht um die Kenntnis des geltenden Rechts, sondern darum, gegen dieses Recht höhere Maximen gedanklich zur Geltung zu bringen und aus ihrer Perspektive am geltenden Recht zu zweifeln. Kann man so eine kritisch-reflektierende Haltung von einem, noch dazu sehr jungen, Bürger der DDR verlangen? – Zudem sind zwei hier einschlägige Fallgruppen unvermeidbarer Verbotsirrtümer anerkannt: Gesetzesänderungen, die der Täter im Tatzeitpunkt nicht kennen konnte,[15] und Änderungen der Rechtsprechung, die erst nach der Tat erfolgt sind.[16] Die Erklärung, dass

---

[15] S. dazu Roxin 2006, § 21 Rn. 35.

[16] S. dazu Hassemer / Kargl, in: Nomos-Kommentar Strafgesetzbuch (2013), § 1 Rn. 50 ff.

der Rechtfertigungsgrund aus § 27 Abs. 2 GrenzG nichtig sei, kommt einer Änderung des Gesetzes gleich, und die Mauerschützen konnten sie im Tatzeitpunkt nicht kennen. Zugleich brachte die deutsche Einigung eine Rechtsprechungsänderung mit sich, die erst nach den abzuurteilenden Taten eintrat.

Daher hätte es nahegelegen, die Mauerschützenprozesse mit Freisprüchen wegen unvermeidbarer Verbotsirrtümer enden zu lassen. Aber die bundesdeutschen Gerichte sind diesem Problem nur sehr rudimentär nachgegangen und haben belastbare Aussagen dazu vermieden. Die Mauerschützen wurden überwiegend wegen Totschlags verurteilt, einige wegen minderschweren Falls des Totschlags. Welche Botschaft hätten auch Freisprüche an die Hinterbliebenen der Maueropfer vermittelt?

b) Die Verfahren gegen die Funktionäre des DDR-Regimes

Auch gegen Entscheidungsträger der DDR-Führung wurden Strafprozesse geführt, speziell gegen Mitglieder des Nationalen Verteidigungsrates der DDR, jener Instanz, die für den Erlass der Dienstanweisungen für die Grenztruppen zuständig war und auf die der sog. *Schießbefehl* zurückging. Diesen hat es zwar als solchen nie gegeben, wie die einschlägige, durchaus differenziert formulierte Ermächtigung in § 27 GrenzG zeigt; aber in der Praxis wurde gegenüber den Grenzsoldaten kein Zweifel daran gelassen, dass zur Verhinderung von Grenzübertritten auch der Schusswaffengebrauch als zulässig galt.[17] Sofern verhandlungsfähig, wurden diese ehemaligen Funktionäre des Nationalen Verteidigungsrates der DDR wegen Totschlags in mittelbarer Täterschaft kraft Organisationsherrschaft verurteilt, weil sie die Anordnungen erlassen hatten, auf denen die Handlungen der Grenzsoldaten beruhte.[18]

[17] Immer wieder findet sich die Formulierung, Grenzdurchbrüche seien „mit allen Mitteln“ zu verhindern, Grenzverletzer seien „zu stellen oder zu vernichten“; s. BGHSt 39, 1, 11.

[18] BGHSt 40, 218.

Die Organisationsherrschaft ist eine Fallgruppe der mittelbaren Täterschaft – einer Straftat, die der Täter dadurch begeht, dass er sich eines anderen Menschen wie eines Werkzeugs bedient (§ 25 Abs. 1 Var. 2 StGB) –, die bis dahin im deutschen Recht noch niemals angewendet worden war. Bei der gerichtlichen Aufarbeitung des nationalsozialistischen Unrechts gab es diese Rechtsfigur zunächst noch nicht, denn sie wurde erst 1963 durch Roxin in die Diskussion eingebracht, aber auch danach haben die Gerichte sie nicht übernommen.[19]

Roxin hatte drei Voraussetzungen für die Organisationsherrschaft formuliert: Jemand sei mittelbarer Täter kraft Organisationsherrschaft, wenn er (1) eine Anordnungsgewalt innerhalb eines hierarchischen organisierten staatlichen Machtapparates ausübe, (2) die unmittelbar Handelnden austauschbar seien (sog. „Fungibilität") und (3) das Handeln des Machtapparates außerhalb rechtsstaatlicher Strukturen erfolgt, also „rechtsgelöst" ist.[20] Damit wollte er ursprünglich ermöglichen, dass NS-Funktionäre als (mittelbare) Täter der Verbrechen erfasst werden konnten, die auf ihren Befehl hin von Untergebenen ausgeführt worden waren.[21]

In dem Strafverfahren gegen Mitglieder des Nationalen Verteidigungsrates der DDR hat der BGH die Organisationsherrschaft als Fallgruppe mittelbarer Täterschaft anerkannt und zur Grundlage für Verurteilungen gemacht.[22] Grundsätzlich ist dieser Wertung zuzustimmen, denn sie ermöglicht es, die befehls-

[19] Die gerichtliche Aufarbeitung des nationalsozialistischen Systemunrechts ist eine langwierige Prozedur gewesen, die erst in diesen Jahren mit letzten Verfahren gegen Greise zu ihrem Ende findet.

[20] S. dazu Roxin 2003, § 25 Rn. 105 ff.

[21] Zuerst hatte Roxin 1963, 193 ff. die Idee einer Täterschaft kraft Organisationsherrschaft formuliert.

[22] BGHSt 40, 218. – Dabei hat der BGH die von Roxin formulierten Voraussetzungen der Organisationsherrschaft seiner eher subjektiv orientierten Konzeption der Täterschaft angepasst. Auf diese Einzelheiten kommt es aber im vorliegenden Zusammenhang nicht an. S. dazu vertieft Rotsch 2005.

gebenden Hintermänner diktatorisch veranlasster Straftaten Untergebener nicht nur als Anstifter zu fremder Straftat zu erfassen, sondern als Täter zu benennen. Hier stand der Verurteilung auch nicht § 27 Abs. 2 GrenzG entgegen, denn die Funktionäre waren es ja, die die Befehle an die Grenzsoldaten erteilten und damit das Recht erst schufen, das zu den Tötungshandlungen geführt hat. In diesen Rechtssetzungsakten lagen die Tathandlungen, die den Vorwurf mittelbarer Täterschaft begründeten. Rechtfertigungsgründe wirken aber allein auf der Ebene der Normbefolgung, nicht auf der der Normsetzung.[23]

Aber auch hier musste diskutiert werden, ob sich die Mitglieder des Nationalen Verteidigungsrates nicht in einem unvermeidbaren Verbotsirrtum (§ 17 StGB) befunden hatten, denn die Anerkennung der Organisationsherrschaft durch den BGH stellte eine Rechtsprechungsänderung dar, die zeitlich nach den zur Verurteilung anstehenden Taten erfolgte und im Zeitpunkt der Handlungen der Täter nicht vorhersehbar war. So stehen auch diesen Verurteilungen durchgreifende strafrechtsdogmatische Einwände entgegen.

c) Rechtsdogmatische Bewertung der Verurteilungen

Stehen schwere freiheitsfeindliche Verfehlungen von Unrechtsregimen zur Aufarbeitung an, drängt sich das Strafrecht als Instrument förmlich auf: Der Strafverfolgungsapparat verfügt über weitreichende Kompetenzen und Mittel, um Sachverhalte aufzuklären, und die strafprozessuale Hauptverhandlung kann als Forum öffentlicher Debatte über die Bewertung der skandalösen Taten dienen. Aufklärungsleistungen können auf diesem Wege zweifellos in erheblichem Umfange erbracht werden, und Aufklärung ist ein wesentlicher friedensstiftender Bestandteil der Bewältigung von Systemunrecht. Die von deutschen Gerichten verkündeten Verurteilungen und ihre Bestätigung durch das Bundesverfassungsgericht dienten gewiss auch generalpräventi-

[23] Ganz ähnlich Ebert 1999, 534 f.

ven Bestrafungszielen, wurde doch mit den Schuldsprüchen öffentlich deutlich gemacht, dass den DDR-Flüchtlingen massives Unrecht widerfahren war und dass an Menschenrechten und ihrer Durchsetzung durch die Rechtspraxis kein Zweifel aufkommen könne.

Und doch hinterlässt dieser Weg der Erledigung des Systemunrechts aus der DDR-Zeit einen schalen Nachgeschmack. Zu gravierend sind die rechtsdogmatischen Bedenken gegen die Verurteilungen. Für die Verurteilung der Mauerschützen mussten naturrechtliche Ideen einer metaphysischen Nichtigkeit gerechtigkeitswidrigen Rechts bemüht, rechtsstaatliche Verfassungsprinzipien – das Rückwirkungsverbot – verbogen und gesetzlich fixierte Fairnessregeln im Schuldbereich – kein Schuldspruch bei unvorhersehbaren Änderungen der Rechtsprechung – missachtet werden. Auch die Verurteilung der Mitglieder des Nationalen Verteidigungsrates wurde ermöglicht, indem sich die Gerichte über einen unvermeidbaren Verbotsirrtum keine gefährlich präzisen Gedanken machten.

Das ist für einen Rechtsstaat, der seinen tragenden Prinzipien treu sein will, ein hoher – ein zu hoher – Preis. Hier zeigen sich die Grenzen einer möglichen rechtsstaatlichen Aufarbeitung von Systemunrecht. Ein Rechtsstaat, der ein strafrechtliches Rückwirkungsverbot kennt und einen Schuldspruch davon abhängig macht, dass der Täter das Unrecht – nicht die Moralwidrigkeit – seines Tuns im Tatzeitpunkt erkennen konnte, kann Taten, die vom Recht des diktatorischen Staates gedeckt waren, nicht als Verstoß gegen seine eigene Rechtsordnung brandmarken.

d) Überleitung

Die Defizite des Strafrechts bei der Aufarbeitung von Systemunrecht lenken den Blick auf alternative Wege. Zahlreiche andere Länder standen im 20. Jahrhundert vor derselben Situation wie Deutschland: zum Beispiel Argentinien, Brasilien und Chile nach dem Ende der dortigen Militärdiktaturen; die Nachfolgestaaten Jugoslawiens und Ruanda nach den dortigen Bürgerkriegen; Südafrika nach der Abschaffung der Apartheid. Ein neuerdings immer öfter beschrittener Weg besteht in der Einrichtung von Völkerstrafgerichtshöfen – so für die Gräueltaten im früheren Jugoslawien, in Kambodscha und Ruanda. Dem gleichen Ziel dient auch der ständige Völkerstrafgerichtshof in Den Haag.[24] Das von diesen Gerichtshöfen zugrunde gelegte Völkerstrafrecht wirft jedoch sehr spezifische rechtsdogmatische Sonderfragen auf, die unter dem hier eingenommenen rechtsphilosophischen Blickwinkel nicht diskutiert werden sollen. Zudem bleibt fraglich, in welchem Umfang die dort geführten Prozesse eine friedensstiftende Wirkung in den jeweiligen Ländern erreichen – oder nur vor der internationalen Öffentlichkeit einige Hauptverantwortliche anprangern, um künftige Diktatoren zu warnen, dass ihr Handeln – gegenwärtiger Immunität zum Trotz – strafrechtliche Konsequenzen haben kann.

Grundlegende Alternativen zur strafrechtlichen Aufarbeitung überwundenen Systemunrechts gehen über die Formen und Grenzen des Rechts hinaus. Sie bieten statt einer hoheitlich-rechtskräftigen Erledigung durch die neue staatliche Autorität andere Optionen zur gesamtgesellschaftlichen Konfliktbeilegung an: durch Aufklärung vergangener Gewalttaten außerhalb von Strafprozessen, durch Amnestie der Täter oder durch institutionelle Akte der Versöhnung zwischen Tätern und Opfern. Diese Wege sollen am Beispiel von Brasilien und Südafrika im Folgenden betrachtet werden.

[24] S. dazu das Römische Statut des internationalen Strafgesetzhofes, speziell Art. 1 und 5-8.

3. Die Suche nach Wahrheit: Die Aufhellung des Unrechts der brasilianischen Militärdiktatur

Die brasilianische Militärdiktatur bestand zwischen 1964 und 1985 und zeichnete sich vor allem durch die Einschränkung der bürgerlichen Rechte, das Aussetzen von Wahlen und eine intensive Pressezensur aus. Vor allem die linksgerichtete Opposition wurde unterdrückt, da man kommunistische Umwälzungen befürchtete. In dieser Zeit verschwanden zahlreiche Personen, denen niemals ein Prozess gemacht wurde und deren weiteres Schicksal auch über die Zeit der Diktatur hinaus ungeklärt blieb.

Im Jahre 1979 erließ die Militärjunta selbst ein Amnestiegesetz, das formell eine beidseitige Amnestie für politisch motivierte Akte Oppositioneller und für Akte des Staatsapparates beinhaltete. Ausgenommen waren allein terroristische Akte. Diese Ausnahme gab der Junta aber die Freiheit, beliebige Handlungen Oppositioneller als „terroristisch" zu qualifizieren und damit von der Amnestie auszunehmen, während sie eigenes Handeln durchgängig unter das Amnestiegesetz fallen ließ. Hierdurch war eine Schieflage bei der Aufarbeitung von Unrechtstaten vorprogrammiert. Diese Rechtslage verhinderte auch nach dem Übergang zu demokratisch gewählten Regierungen noch über 20 Jahre lang eine effektive Aufarbeitung des vergangenen Systemunrechts. Vor allem die Angehörigen und Hinterbliebenen forderten vergeblich Aufklärung über das Schicksal der verschwundenen Regimegegner.[25]

Erst im Jahre 2010 kam Bewegung in diese so lange schon gärende Problematik, als der interamerikanische Gerichtshof für Menschenrechte feststellte, dass das Amnestiegesetz gegen die amerikanische Menschenrechtskonvention verstoße, indem es

[25] Über die Sach- und Rechtslage bis dahin informieren Ana Lucia Sabadell und Olga Espinoza Mavila in Eser 2009.

die Ahndung von Straftaten der Militärregierung verhindere.[26] Die Aufarbeitung von Systemunrecht auch mit strafrechtlichen Mitteln ist ein Teil der menschenrechtlichen Garantien dieser amerikanischen Konvention. Daraufhin – aber auch aufgrund innenpolitischer Umbrüche in der Zwischenzeit – wurde im Jahre 2011 eine *Wahrheitskommission* (*Comissão Nacional de Verdade*) eingerichtet, die im Mai 2012 ihre Arbeit aufnahm und mehrere Aufgaben verfolgt: Menschenrechtsverletzungen während der Zeit der Diktatur zu benennen und ihre Sachverhalte aufzuklären; Täter und Institutionen zu identifizieren, die für Folter, Mord oder das Verschwindenlassen von Personen verantwortlich sind; Leichen von Verschwundenen aufzufinden; und schließlich insgesamt zu Versöhnung und Demokratisierung in Brasilien beizutragen.

Obwohl der interamerikanische Gerichtshof für Menschenrechte auch die strafrechtliche Ahndung des Systemunrechts angesprochen hat, steht dieser Weg in Brasilien nicht im Vordergrund der Diskussion. Vor allem geht es den Betroffenen darum zu erfahren, was mit den politisch Verfolgten geschah und wer dafür im Einzelnen die Verantwortung trägt. „Recht auf Wahrheit“ ist das politische Schlagwort, unter dem diese Forderung laut wurde.

Es ist bemerkenswert, dass in der öffentlichen brasilianischen Debatte der Wunsch nach Aufklärung offensichtlich sehr eindeutig das Verlangen nach Bestrafung der Verantwortlichen überwiegt – obwohl viele von ihnen noch leben und verfolgbar wären. Zwei Aspekte tragen zur Erklärung dieses Phänomens bei: (1) Strafprozesse können zwar viel zur Aufklärung von Systemunrechtstaten beitragen, weil die Aufhellung der Sachverhalte mit allen Mitteln unternommen werden kann, die dem staatlichen Strafverfolgungsapparat zur Verfügung stehen; aber sie sind auch in das Korsett strikter Regeln der Beweiswürdi-

[26] S. dazu in deutscher Sprache den Bericht auf https://amerika21.de/nachrichten/2010/12/18109/cidh-verurteilt-brasilien (aufgerufen am 6.7.2015).

gung gezwängt, und Angeklagte, denen eine langjährige Haftstrafe droht, könnten zum Schweigen oder Lügen neigen und damit die Sachverhaltsaufklärung beeinträchtigen. Außerdem zeigt sich (2) – kriminologisch –, dass das Interesse an Aufklärung und Rehabilitation bei Betroffenen und Angehörigen mit der Zeit deutlich stärker ist als der Wunsch nach Bestrafung der Täter. Zu wissen, was geschehen ist, wer es getan hat und wo die vermisste Person verblieben ist, ermöglicht es, einen Schlussstrich unter erlittenes Unrecht zu ziehen. Diesem Bedürfnis kommt wahrscheinlich, je länger die Unrechtstat zurückliegt, immer größere Bedeutung zu.

Da der Aufarbeitungsprozess in Brasilien noch im Gange ist, ist es für eine Bewertung des eingeschlagenen Weges noch zu früh. Bedeutsam ist aber bereits jetzt der Befund, dass für die gesamtgesellschaftliche Bewältigung vergangenen Systemunrechts die Aufklärung wichtiger sein kann als die Ahndung.

4. Das Ziel der Versöhnung: Die Verarbeitung politischen Unrechts während der südafrikanischen Apartheid

Die Rassentrennung (Apartheid) galt in Südafrika seit Anfang des 20. Jahrhunderts und wurde seit 1948 durch verschiedene Gesetze immer weiter verschärft. Mit dem Aufstand von Soweto 1976 begann der Kampf der Schwarzen um Gleichstellung. Nach vielen Jahren mit teilweise bürgerkriegsähnlichen Zuständen begannen 1989 Verhandlungen der weißen Regierung mit dem *African National Congress*, der führenden schwarzen Partei. Kurz nach Beginn dieser Verhandlungen, am 11.2.1990, wurde der Vorsitzendes des ANC, Nelson Mandela, aus langjähriger Festungshaft entlassen und 1994 in den ersten allgemeinen Wahlen, in denen auch eine neue Verfassung verabschiedet wurde, zum Staatspräsidenten gewählt. In Umsetzung von Beschlüssen, die in den Verhandlungen der weißen Regierung mit dem ANC getroffen worden waren, wurde 1996 die *Truth and Reconciliation Commission* eingerichtet, eine Wahrheits- und Versöhnungskommission, die bis 1998 tätig war und das folgende Konzept verfolgte[27]:

Personen – Weiße wie Schwarze –, die während der Apartheid eine Straftat aus politischen Gründen begangen hatten, konnten vor der Kommission einen Antrag auf Amnestie stellen. Sie mussten detailliert schildern, an welchen Straftaten sie beteiligt waren, welche politische Motivation sie damals getrieben hatte, und sie mussten sich auch der Vernehmung durch ihre Opfer oder deren Hinterbliebene stellen. Wenn zur Überzeugung der Kommission feststand, dass alle wesentlichen Tatsachen einer Beteiligung an Straftaten offengelegt worden waren (*full disclosure*), wurde eine Amnestie ausgesprochen. Anderenfalls wurde das Verfahren in einen Strafprozess übergeleitet. Durch die Drohkulisse einer strafrechtlichen Ahndung wurde ein effizienter Offenbarungsdruck auf die Antragsteller ausgeübt. In den zwei Jahren der Tätigkeit der Kommission wurden 7112 Anträge gestellt, in 849 Fällen wurde eine Amnestie ausgesprochen. Einige Verfahren wurden eingestellt, andere wurden in ein Strafverfahren übergeleitet.[28]

Die Besonderheit des Aufarbeitungsprozesses in Südafrika lag darin, dass Verbrechen sowohl der weißen Machthaber als auch der schwarzen Oppositionellen aufzuarbeiten waren und dass gerade die vormals politisch Benachteiligten die Macht von den „Unterdrückern“ übernahmen. Das erforderte eine austarierte Sensibilität im Umgang mit allen vergangenen Ereignissen, um den Aufarbeitungsprozess als Befriedungsprozess zu gestalten.[29]

---

[27] S. dazu im Detail du Bois-Pedain 2007.

[28] Zahlen darüber, wie viele Strafverfahren nach eingeleitetem Amnestieverfahren geführt wurden und wie hoch die Verurteilungsrate war, liegen mir leider nicht vor.

[29] Hier liegt ein wesentlicher Unterschied zur Lage in Deutschland,

In Südafrika wird der dort gewählte Weg zur Bewältigung der Apartheid als Erfolg gewertet. Seine Besonderheit liegt in dem Anreizmodell, das den Tätern ein Bekenntnis und umfangreiche Beiträge zur Aufarbeitung begangenen Unrechts auferlegte, dafür aber eine Amnestie in Aussicht stellte – als Belohnung für Offenheit und Aufklärungshilfe. Reue wurde dabei nicht verlangt. Zugleich aber stand die Drohung einer strafrechtlichen Ahndung im Raum, wenn Zweifel an der aufrichtigen Kooperationsbereitschaft bestanden. Auf die Aufarbeitung von Gesetzgebungsakten, die die Apartheid geregelt hatten, wurde vollständig verzichtet. Die Unterschiede zu den Aufarbeitungsprozessen in Deutschland und Brasilien sind deutlich. In Deutschland wurde zwar eine Amnestie für DDR-Staatsunrecht ins Spiel gebracht[30], aber von den staatlichen Entscheidungsträgern nie ernsthaft in Erwägung gezogen. Darin liegt auch ein Akt der Geschehensdeutung: Auch im historisch-juridischen Rückblick sollten die DDR und ihre Funktionsträger sichtbar auf die Seite des Unrechts gestellt werden. Deshalb kam den Prozessen gegen die Funktionäre des Nationalen Verteidigungsrates der DDR besondere Bedeutung zu – Prozesse gegen rechtssetzende Instanzen, auf die in Südafrika von vornherein verzichtet wurde. In Brasilien wiederum hatten die Diktatoren – im Gegensatz zu Deutschland und Südafrika – noch genügend Macht, um ein Amnestiegesetz an den Anfang der Aufarbeitung zu setzen. Damit konnten sie erreichen, dass allein die Aufklärung – die Verwirklichung eines *Rechts auf Wahrheit* – als Mittel zur Vergangenheitsbewältigung übrigblieb.

---

wo es ausschließlich darum ging, Systemunrecht der DDR zu bewältigen. Politische Verbrechen der Bundesrepublik im Umgang mit der DDR und ihren Bürgern standen nicht im Raum.

[30] S. zu der darüber geführten öffentlichen Debatte Sendler 1997 sowie die Überlegungen bei Ebert 1998, 51 f.

5. Bewertung: Fragen und Formen ausgleichender Gerechtigkeit

Nach diesem Überblick über drei verschiedene – durch die jeweiligen politischen Konstellationen geprägte – Wege des Umgangs mit vergangenem Systemunrecht soll abschließend versucht werden, sie unter Aspekten der Gerechtigkeit zu bewerten. Die Ergänzung durch diesen philosophischen Blickwinkel könnte gewinnbringend sein, weil die rechtlichen und politischen Maßnahmen, die betrachtet wurden, unbefriedigende Eindrücke hinterlassen haben oder auf eine bestimmte soziopolitische Situation zugeschnitten waren, die einer Verallgemeinerbarkeit ihres Wertes entgegensteht.

Auf die dogmatischen Schwächen jeder strafrechtlichen Aufarbeitung wurde bereits hingewiesen.[31] Prozessuale Schwierigkeiten kommen hinzu: Anders als vor der Versöhnungskommission in Südafrika, wo vollständige und ehrliche Aussagen eine unerlässliche Bedingung für eine Amnestie darstellten, gewährt der Strafprozess den Angeklagten ein Schweigerecht, so dass sie jede Mitwirkung an der Aufklärung verweigern können. Auch können sie sich auf Irrtümer, Unwissenheit oder Vergesslichkeit berufen. Auch die Verhandlungsunfähigkeit oder Abwesenheit angeklagter Funktionäre war ein Problem.

All dies kann dazu führen, dass Strafprozesse mit Freisprüchen oder Verfahrenseinstellungen enden und damit zur Aufarbeitung von Gerechtigkeitsdefiziten nichts beitragen. Dem steht allerdings der Vorteil gegenüber, dass der strafverfahrensrechtliche Verfolgungsapparat mit sehr weitreichenden Rechten und finanziellen Mitteln ausgestattet ist und auf diese Weise Sachverhalte gründlich aufhellen kann, die sonst möglicherweise im Dunkeln geblieben wären.

Eine schnell gewährte Amnestie dagegen schafft zwar Sicherheit, trägt aber weder etwas zur Aufhellung vergangenen Ge-

[31] S. o. 2. c).

schehens noch zur ausgleichenden Befriedung der Gesellschaft bei. Eine durch ausführliche Geständnisse erwirkte Amnestie wiederum bietet nur dann einen wirklichen Anreiz zur Kooperation, wenn es um Taten geht, die schon unter der alten (diktatorischen) Rechtsordnung als Straftaten anzusehen waren – also mit hinreichender Sicherheit eine Bestrafung droht.

Wenn es also nicht den einen erfolgversprechenden Weg zur Bewältigung von Systemunrecht gibt, könnte es hilfreich sein, die Frage aus einer höheren Perspektive zu betrachten. Das lenkt den Blick auf die Gerechtigkeitstheorie, jene Disziplin, die es sich philosophisch zur Aufgabe macht, Kriterien dafür anzubieten, wie mit Unrechtslagen angemessen umzugehen ist.

a) Ausgleichende und vergeltende Gerechtigkeit (*retributive justice*)

Ausgehend von der auf Aristoteles zurückgehenden, klassischen Unterteilung der Gerechtigkeitsformen[32] geht es hier um *ausgleichende Gerechtigkeit*. Diese Form der Gerechtigkeit hat mehrere Aspekte, unter denen eine – hier einschlägig – die *vergeltende Gerechtigkeit*[33] ist. Sie bezweckt den Ausgleich verantwortbaren Unrechts durch Strafe, will dadurch den Opfern Genugtuung verschaffen und setzt die Effizienz rechtsstaatlicher Mittel zur Sachverhaltsklärung und Verurteilung Schuldiger voraus. Dieses durchaus vertraute Konzept entspricht dem deutschen Ansatz zur Aufarbeitung von Systemunrecht – aber seine Voraussetzungen können eben mit rechtsstaatlichen Maximen kollidieren, die die Verurteilung moralisch Schuldiger an Prinzipien scheitern lassen können, die ihrerseits in der Idee der Gerechtigkeit wurzeln (Rückwirkungsverbot, Anerkennung unver-

---

[32] S. Aristoteles 1986, 5. Buch.

[33] In der durch den anglo-amerikanischen Diskurs geprägten Terminologie: *retributive justice*. S. zu den dort entworfenen Modellen einer vergeltenden Gerechtigkeit Duff 2001, 108 ff., Moore 1987, Nozick 1981, 363 ff.

meidbar schuldausschließender Verbotsirrtümer). Radbruch hat hier treffend von einem „Konflikt der Gerechtigkeit mit sich selbst“ gesprochen.[34]

b) Integrierende Gerechtigkeit (*restorative justice*)

Angesichts der Radikalität und Unvollkommenheit strafrechtlicher Aufarbeitung werden derzeit andere Gerechtigkeitskonzepte diskutiert, allen voran eine *restorative justice*[35] – was sich der Idee dieser Konzeption nach am besten mit „integrierende Gerechtigkeit“ übersetzen lässt. Bei ihr steht die Integration der zuvor verfeindeten Parteien im Vordergrund, ihre Versöhnung, um eine gesellschaftliche Basis für die Zukunft zu schaffen. Dieses Konzept zielt auf Mitwirkung von Tätern und Opfern bei der Aufarbeitung von Systemunrecht, verzichtet auf die einseitige Brandmarkung von Tätern und verlangt von den Opfern einen (zumindest teilweisen) Verzicht auf Vergeltung. Es steht unter der Prämisse, dass im Übergang von einem diktatorischen auf ein rechtsstaatliches System eine volle vergeltende Gerechtigkeit nicht erreichbar ist.

Dieses Konzept ist von großer Flexibilität, weil es den Weg zur Wiederherstellung sozialen Friedens den an diesem Prozess beteiligten sozialen Gruppen selbst überlässt. Zwischen ihnen ist auszuhandeln, welche Wege im Einzelnen beschritten werden und welche Voraussetzungen an Ahndung, Versöhnung, Ausgleich und Amnestie zu stellen sind. Der Blick ist dabei auf die Zukunft gerichtet, während eine vergeltende Gerechtigkeit auf das vergangene Unrecht fokussiert ist und darauf setzt, dass mit dessen Vergeltung eine Art Gleichgewicht wiederhergestellt ist, das es ermöglicht, in die Zukunft weiterzugehen. Eine integrierende Gerechtigkeit kann demgegenüber auch Konstellationen berücksichtigen, in denen auf allen Seiten des Befriedungs-

[34] Radbruch 1946, 107.

[35] Einen Überblick über diese Gerechtigkeitsidee gewähren von Hirsch u.a. 2003.

prozesses Täter und Opfer involviert sind – etwa weil von allen Seiten während der Diktatur Gewalttaten ausgegangen sind. Und sie ermöglicht es den Tätern, nicht auf die Rolle der Übeltäter fixiert zu werden, sondern – etwa durch Versöhnung, Wiedergutmachung oder eine verdiente Amnestie – einen Platz in der neuen Gesellschaft zu finden. Dabei ist durchaus zu berücksichtigen, dass mancher Täter nicht aus Überzeugung, sondern als Mitläufer oder aus einer angepassten Mentalität heraus an Systemunrechts-Taten mitgewirkt hat.

c) Übergangsgerechtigkeit (*transitional justice*)

Während es die *restorative justice* für möglich hält, durch konsensorientierte Verfahren eine volle Gerechtigkeit zu verwirklichen, betont eine weitere aktuelle Spielart ausgleichender Gerechtigkeit, die *transitional justice*, in sozio-politischen Umbruchphasen seien bescheidenere, unvollkommenere Maßstäbe an die Suche nach einem gerechten Ausgleich anzulegen als in stabilen Zeiten.[36] Während die stabile Geltung eines Rechtssystems die feste Erwartung wecke, seine Normen würden verlässlich angewendet, liege das typische Problem einer Übergangsphase darin, dass zwei Rechtssysteme aufeinanderprallen und keines von ihnen für die verbindliche Bewertung vergangener Systemunrechts-Taten strukturell geeignet ist: das vergangene System legitimierte sich durch die Macht der überwundenen Diktatur, aber das neue System gilt eben erst jetzt und kann daher aus sich heraus für die Tatzeit keine Geltung beanspruchen. Erfordert nicht eine Umbruchphase *eigene Regeln* – sozusagen *ein drittes normatives System*, das allein dazu dient, den Umbruch zu vollziehen?

Dieses Übergangssystem könnte Regeln enthalten, die – auf die spezifische Situation des betroffenen Landes abgestimmt – eine Kombination aus Sanktionen, Institutionen zur Versöh-

[36] S. Teitel 2000.

nung, Amnestien und finanziellen Kompromissregeln enthält.[37] Auch wenn in allen Bereichen Kompromisse formuliert werden, erlaubt es die Idee einer Übergangsgerechtigkeit, diese als unzureichend empfundenen Verfahren und Entscheidungen als gerecht einzustufen, sofern sie nur den Übergang in eine stabile Gesellschaftsordnung fördern. Mit Blick auf das Strafrecht wäre unter der Leitidee eines fairen Überganges zu überlegen gewesen, die erklärte Anwendbarkeit des DDR-Rechts auch dort ernstzunehmen, wo sie Verurteilungen unmöglich machte, die nach Maßstäben einer stabilen Gerechtigkeitsordnung geboten gewesen wären. Stattdessen hätte man andere Verfahren zur Rehabilitierung der Opfer und zur Brandmarkung der moralischen Verfehlungen verantwortlicher Täter einrichten können. Damit wäre jedenfalls vermieden worden, dass die moralische Autorität eines rechtsstaatlichen Strafrechts dadurch Schaden nimmt, dass einige seiner tragenden Prinzipien verbogen werden mussten, um die politisch gewünschten Verurteilungen zu erreichen.

d) Abschließende Bewertung

Die vorgestellten Gerechtigkeitskonzepte zeigen, dass „Gerechtigkeit“ keine absolute, stets feststehende Idee ist. Vielmehr

[37] Die auf das Strafrechtliche konzentrierte Darstellung des deutschen Aufarbeitungsprozesses soll nicht den Eindruck erwecken, dass es ein solches rechtliches System des Überganges nicht gegeben hat: Im Einigungsvertrag und anderen Gesetzen wurden zahlreiche Fragen spezifisch geregelt, die die rechtliche Eingliederung der DDR in die Bundesrepublik Deutschland stellten – von Enteignungs- und Entschädigungsproblemen bis zur Regelung von Rentenansprüchen. Insoweit hat Deutschland den Weg der *transitional justice* gewählt – aber eben nur *insoweit*, denn hinsichtlich des Umganges mit Straftaten, die dem Systemunrecht zuzurechnen sind, wurde auf der Durchführung von Strafverfahren bestanden, gesteuert allein durch Art. 315 Abs. 1 EGStGB, der die Anwendung des DDR-Strafrechts anordnete, soweit nicht das bundesdeutsche StGB mildere Regelungen enthielt.

hängt das, was gerecht ist, von der politischen und gesellschaftlichen Situation ab, die einen Ausgleich verlangt. Konsens kann gerechter sein als Vergeltung, ein Verzicht auf Ahndung kann im Übergang fairer sein als Verurteilungen, die einen schalen Beigeschmack hinterlassen. Vor allem zeigt sich, dass eine an Vergeltung orientierte ausgleichende Gerechtigkeit an ihren eigenen Maßstäben scheitern kann: das rechtsstaatliche Strafrecht ist machtlos gegenüber einem Unrechtssystem, das seine Taten mit Mitteln seines Rechts abgesichert hat.

Gewiss verlangen konsens- und verzichtorientierte Ansätze viel von den Opfern der überwundenen Gewaltherrschaft, aber wenn es eine absolute Gerechtigkeit im Übergang zwischen Rechtssystemen (aus den oben dargestellten Gründen) nicht geben kann, dann ist auch politisch vermittelbar, dass man die Sanktionierung der Täter nicht nach den Maßstäben verlangen kann, die gegolten hätten, wenn die Taten im rechtsstaatlichen System erfolgt wären.

Wichtig ist, dass auch ausgleichende Gerechtigkeit keine auf die Vergangenheit beschränkte Idee ist, sondern dass sie auf die Zukunft blicken muss und deshalb ihre Aufgabe nicht schon dann als erfüllt ansehen kann, wenn sie vergangenes Unrecht ahndet – jedenfalls dann, wenn die Ahndung die Selbstansprüche des angewendeten Rechts beschädigt oder – wie in Südafrika – eine friedliche Zukunft der zuvor verfeindeten Bevölkerungsgruppen blockiert. Gerechtigkeit und sozialer Frieden müssen Hand in Hand gehen: Nur was für die Zukunft tragfähig ist, kann auch bei der Aufarbeitung der Vergangenheit als gerecht akzeptiert werden. Der gerechte Weg zur Aufarbeitung von Systemunrecht ist daher abhängig von der politischen und sozialen Lage des Landes, dessen Systemwechsel aufzuarbeiten ist.

Literatur

Alexy, Robert (1993): Mauerschützen, Göttingen.

Amelung, Knut (1996): Die strafrechtliche Bewältigung des DDR-Unrechts durch die deutsche Justiz – Ein Zwischenbericht, Goltdammer's Archiv, 51-71.

Aristoteles (1986): Nikomachische Ethik, 6. Aufl., München.

Dreier, Horst (1997): Gustav Radbruch und die Mauerschützen, Juristenzeitung, 421-434.

du Bois-Pedain, Antje (2007): Transitional Amnesty in South Africa, Cambridge.

Duff, Antony (2001): Punishment, Communication, and Community, Oxford.

Ebert, Udo (1998): Probleme der Strafrechtlichen Aufarbeitung des SED-Unrechts, in: Klaus-M. Kodalle (Hrsg.), Strafe muss sein! Muss Strafe sein?, Würzburg, 49-68.

Ebert, Udo (1999): Strafrechtliche Bewältigung des SED-Unrechts zwischen Politik, Strafrecht und Verfassungsrecht, in: ders. / Peter Rieß / Claus Roxin / Eberhard Wahle (Hrsg.), Festschrift für Ernst-Walter Hanack, Berlin / New York, 501-538.

Eser, Albin (Hrsg.) (2009): Strafrecht in Reaktion auf Systemunrecht. Vergleichende Einblicke in Transitionsprozesse, Band 13: Brasilien, Berlin 2009.

Kelsen, Hans (1960): Reine Rechtslehre, 2. Aufl., Wien.

Maunz/Dürig (2006), Grundgesetz-Kommentar, 48. Lieferung.

Moore, Michael S., (1987): The Moral Worth of Retribution, in: Ferdinand Schoeman (Hrsg.), Responsibility, Character, and the Emotions. New Essays in Moral Psychology, Cambridge, 179-219.

Nomos-Kommentar Strafgesetzbuch (2013), Hrsg.: Urs Kindhäuser / Ulfrid Neumann / Hans-Ullrich Paeffgen, 4. Aufl., Baden-Baden.

Nozick, Robert (1981): Philosophical Explanations, Oxford.

Pawlik, Michael (1994): Strafrecht und Staatsunrecht. Zur Strafbarkeit der „Mauerschützen", Goltdammer's Archiv, 472-483.

Radbruch, Gustav (1946): Gesetzliches Unrecht und übergesetzliches Recht, Süddeutsche Juristenzeitung, 105-108.

Radbruch, Gustav (2003): Rechtsphilosophie. Studienausgabe, 2. Aufl., Heidelberg.

Rotsch, Thomas (2005): Neues zur Organisationsherrschaft, Neue Zeitschrift für Strafrecht, 13-18.

Roxin, Claus (1963): Straftaten im Rahmen organisatorischer Machtapparate, Goltdammer's Archiv, 193 ff.

Roxin, Claus (2003): Strafrecht Allgemeiner Teil, Band II: Besondere Erscheinungsformen der Straftat, München.

Roxin, Claus (2006): Strafrecht Allgemeiner Teil, Band I: Grundlagen. Der Aufbau der Verbrechenslehre, 4. Aufl., München.

Sendler, Horst (1997): Strafrechtliche Aufarbeitung der DDR-Vergangenheit oder Amnestie?, Neue Juristische Wochenschrift, 3146-3148.

Teitel, Ruti (2000): Transitional Justice, Oxford.

von Hirsch, Andrew / Roberts, Julian / Bottoms, Anthony E. / Roach, Kent / Schiff, Mara (Hrsg.) (2003): Restorative Justice and Criminal Justice: Competing or Reconcilable Paradigms?, Oxford und Portland.

Udo Ebert

Interkulturelle Rechtskonflikte in Deutschland

Einleitung

1. Beispiele

Ich beginne mit einigen Beispielen. Der Ort der geschilderten Vorfälle ist jeweils Deutschland.

(1) Eine Familie jüdischen Glaubens lässt ihren neugeborenen Jungen am 8. Tag nach der Geburt gemäß jüdischem Ritus beschneiden. Im Zusammenhang mit einer Nachblutung, die gestillt werden kann, kommt es zu einer Strafanzeige gegen den Beschneider wegen Körperverletzung. Das Gericht hält den Tatbestand der Körperverletzung durch die Beschneidung für objektiv rechtswidrig erfüllt, spricht den Beschneider aber aus subjektiven Gründen, wegen unvermeidbaren Verbotsirrtums, frei.

(2) In einer aus der Türkei eingewanderten Familie kommt es zu einer Bluttat. Der 22-jährige Sohn tötet seine Schwester, weil sie sich auf eine Liebesbeziehung mit einem nichtmuslimischen Deutschen eingelassen und damit die Ehre der Familie verletzt hat. Das Schwurgericht verurteilt den Täter wegen Mordes aus niedrigen Beweggründen zu lebenslanger Freiheitsstrafe. An der Beurteilung des Beweggrundes der Tat als niedrig sieht das Gericht sich nicht dadurch gehindert, dass der Täter gemäß dem Ehrenkodex seiner Herkunftsgesellschaft gehandelt hat. Hätte das Gericht niedrige Beweggründe verneint, wäre der Täter lediglich wegen Totschlags zu einer zeitigen Freiheitsstrafe verurteilt worden.

(3) Abwandlung dieses Falles: Als die Familie von der Liebesbeziehung der Tochter erfährt, zwingt sie diese, einen ihrer Vettern zu heiraten. Die für diese Ehestiftung Verantwortlichen werden wegen Zwangsverheiratung vom Gericht zu Freiheitsstrafen verurteilt.

(4) In einer Zeitung wird eine Mohammed-Karikatur veröffentlicht. Ein dadurch in seinen religiösen Gefühlen verletzter Moslem

Variante 1: zeigt den Karikaturisten wegen Religionsbeschimpfung bei der Staatsanwaltschaft an.

Variante 2: attackiert den Karikaturisten körperlich und verletzt ihn.

(5) Ein verheirateter Mann, in dessen arabischem Herkunftsland die Vielehe erlaubt ist, heiratet eine zweite Frau. Er wird wegen Doppelehe angeklagt und strafrechtlich verurteilt.

2. Einordnung der Beispiele in die Thematik

Allen diesen Fällen ist eines gemeinsam: In Deutschland lebende Menschen, die in einer anderen Kultur als der deutschen verwurzelt sind – in meinen Beispielen in jüdischen, islamischen, ostanatolischen und arabischen Kulturen – , geraten durch Handlungen, die ihrer Herkunftskultur entsprechen, in Konflikt mit der deutschen Kultur. Und nicht nur mit der deutschen Kultur, sondern zugleich auch mit dem deutschen Recht. Dies meint der Titel meines Vortrags – *Interkulturelle Rechtskonflikte in Deutschland*. Für den im interkulturellen Konflikt begangenen Verstoß gegen das Recht werden die betreffenden Menschen rechtlich zur Verantwortung gezogen – damit sind wir beim Thema unserer Tagung: *Rechtliche Verantwortlichkeit im Konflikt*.

Interkulturelle Konflikte können alle Rechtsgebiete betreffen: das Öffentliche Recht, das Strafrecht, das Zivilrecht, das Arbeitsrecht usw.[1] Ich konzentriere mich in meinem Beitrag auf

[1] Volkmann 2008, 245-247; Valerius 2011, 39-58; Jung 2012, 926; Hil-

das Strafrecht. Gerade die strafrechtliche Beurteilung lässt kulturelle Hintergründe eines Konfliktes oft deutlich hervortreten. Das hängt mit zwei Besonderheiten des Strafrechts zusammen: Zum einen ist dieses mehr als andere Rechtsgebiete in Kultur und Wertvorstellungen der jeweiligen Gesellschaft verwurzelt.[2] Zum anderen verfügt das Strafrecht, wie sich im Folgenden zeigen wird, über ein rechtliches Instrumentarium, das es erlaubt, kulturellen Besonderheiten eines Konfliktes in besonders differenzierter Weise Rechnung zu tragen.

3. Bedeutung des Themas

Noch vor wenigen Jahrzehnten waren interkulturelle Rechtskonflikte in Deutschland kein Thema. Heute sind sie ein Thema von immenser Bedeutung. Deutschland hat sich zu einem Einwanderungsland entwickelt. Jeder fünfte in Deutschland Lebende hat einen Migrationshintergrund.[3] Die Folge ist, da ein großer Teil der Einwanderer aus anderen Kulturen stammt und die Prägung durch seine Herkunftskultur in Deutschland beibehält, eine kulturelle Pluralisierung unserer Gesellschaft.[4] Die deutsche Gesellschaft ist heute eine multikulturelle Gesellschaft. Unterschiedliche Kulturen treffen auf engstem Raum aufeinander; Menschen mit verschiedener kultureller Prägung begegnen einander. Das bringt interkulturelle Konflikte mit sich, die nicht selten die Gestalt von Rechtskonflikten annehmen.[5]

Quellen interkultureller Rechtskonflikte sind nicht nur die kulturellen Unterschiede selbst. Auch Mangel an interkultureller Kompetenz der Beteiligten trägt zu ihnen bei.[6] Und nicht zu-

---

gendorf 2014a, 556-557.

[2] Höffe 1999, 16-17; Hassemer 1999, 157; Hilgendorf 2014a, 557.

[3] Hilgendorf 2014b, 821.

[4] Dreier 2008, 21-22; Hörnle 2014, C10-C11; Hilgendorf 2014a, 558.

[5] Hilgendorf 2006, 359-360; Valerius 2011, 38, 314.

[6] Kersten 1999, 144-147; Hilgendorf 2009, 139-140; Valerius 2011, 318-319.

letzt ist die Möglichkeit interkultureller Rechtskonflikte abhängig von der Beschaffenheit der Rechtsordnung selbst: von dem Maß, in dem diese entweder Minderheitskulturen toleriert, oder sie bekämpft, indem sie die kulturellen Werte der Mehrheitsgesellschaft gegen religiös und kulturell motivierte Angriffe von Minderheiten verteidigt.

Angesichts der zunehmenden Zahl interkultureller Rechtskonflikte in Deutschland wird die Frage immer dringlicher, wie unsere Gesellschaft mit solchen Konflikten umgehen soll. Die Frage richtet sich vordergründig an die Akteure des Rechts, also vor allem an die Justiz und an den Gesetzgeber. Im Hintergrund sind Rechtspolitik und Rechtswissenschaft gefordert, sich über die Haltung unserer Rechtsordnung zur Interkulturalität und über die Bewältigung interkultureller Rechtskonflikte Gedanken zu machen. Der 70. Deutsche Juristentag, der im September 2014 in Hannover stattfand, hat sich dieser Aufgabe gestellt. Das Thema seiner strafrechtlichen Abteilung lautete: *Kultur, Religion, Strafrecht – Neue Herausforderungen in einer pluralistischen Gesellschaft*.

4. Grundbegriffe

Die Begriffe „Kultur" und „Religion" sind für unser Thema zentral. Ihre Definition und die Bestimmung ihres Verhältnisses zueinander bereiten indessen Schwierigkeiten.[7] Ich verstehe unter Kultur einen Inbegriff von sinnstiftenden Konzepten, Einstellungen und Wertorientierungen und deren Manifestationen sowohl im Verhalten der Menschen als auch in ihren materiellen und geistigen Schöpfungen.[8] Kultur ist zumeist religiös geprägt, hat aber neben der religiösen auch andere Dimensionen. Religion betrachte ich im Folgenden als eine Komponente von Kultur, werde sie aber gelegentlich auch neben dieser erwähnen

---

[7] Valerius 2011, 27-37; Hörnle 2008, 315-317; dies. 2014, C12-C15; Möllers 2008, 224-230; Hilgendorf 2014b, 824-829.

[8] Vgl. Höffe 1999, 11; Hilgendorf 2009, 140; Valerius 2011, 32, 38.

und vor allem dort gesondert behandeln, wo etwa verfassungsrechtliche Garantien sich allein auf Religion und nicht auf Kultur im Übrigen beziehen.

5. Gang der Untersuchung

Ich behandele das Thema *Interkulturelle Rechtskonflikte in Deutschland* in folgenden Schritten. Zunächst schildere ich die gegenwärtige deutsche Rechtsprechungspraxis und Gesetzeslage (A). In einem zweiten Schritt stelle ich idealtypische Modelle für den Umgang einer Strafrechtsordnung mit interkulturellen Konflikten vor (B). Danach frage ich im dritten Schritt, wie aufgrund normativer (verfassungsrechtlicher und strafrechtstheoretischer) Vorgaben das deutsche Strafrecht interkulturelle Konflikte regeln müsste (C). Am Ende steht ein Vergleich der deutschen Strafrechtsordnung mit den idealtypischen Modellen (D).

In den ersten drei Schritten wird also untersucht, wie im Hinblick auf interkulturelle Konflikte die deutsche Strafrechtsordnung beschaffen ist, wie sie beschaffen sein kann und wie sie beschaffen sein soll. Oder in vielleicht prägnanterer lateinischer Formulierung: quod est, quod esse potest und quod esse debet.

A. Quod est: Interkulturelle Rechtskonflikte nach geltendem deutschen Strafrecht

I. Rechtsprechung

Wie also geht, so lautet die erste Frage, im Rahmen des geltenden Rechts die Rechtsprechung mit interkulturellen Konflikten um, das heißt mit strafrechtlich relevanten Taten, die einen religiösen oder kulturellen Hintergrund haben? Ein solcher kann sich auf jeder Stufe der strafrechtlichen Prüfung auswirken: auf der Stufe der Tatbestandsmäßigkeit, der Rechtswidrigkeit, der Schuld und der Strafzumessung.

1. *Tatbestandsmäßigkeit*

Auf der Ebene der Tatbestandsmäßigkeit ist die Problematik des Ehrenmord-Falles angesiedelt. Sie lautet: Erfüllt die Tötungshandlung des Bruders das Merkmal „aus niedrigen Beweggründen“ des Mordtatbestandes (§ 211 StGB)? Eine bis in die neunziger Jahre vom Bundesgerichtshof und noch heute von einem Teil der Literatur vertretene Ansicht legt bei Ehrenmorden, wie übrigens auch bei Blutrachetaten,[9] die kulturell geprägte Perspektive des Täters zugrunde und schließt deshalb niedrige Beweggründe aus. Da der Täter im Kontext seiner Herkunftskultur handelte, die ihm die Tötung erlaubte, ja zur Pflicht machte, könne sein Motiv nicht als niedrig, das heißt besonders verwerflich bewertet werden.[10] Die neuere Rechtsprechung des Bundesgerichtshofs und der überwiegende Teil der Literatur sind anderer Ansicht. Hiernach gelten für die Bewertung der Motive des Täters als niedrig die Maßstäbe der heimischen deutschen Rechtsgemeinschaft.[11] Nach diesen ist das Motiv, um einer wie auch immer verstandenen Ehre willen einen Menschen zu töten, und das im Wege einer Selbstjustiz, die sich über das Strafmonopol des Staates hinwegsetzt und sich zum Richter über ein Menschenleben macht, als niedrig anzusehen.[12]

Hier scheint bereits eine der grundsätzlichen Fragen auf, vor die sich die Beurteilung interkultureller Rechtskonflikte gestellt sieht. Wie weit wollen und können wir in der Respektierung fremder Kulturen gehen? Bis wohin lassen wir deren Maßstäbe unter Hintansetzung unserer eigenen Regeln gelten? Gibt es Konfliktfälle, in denen die deutsche Mehrheitskultur sich gegen Minderheitskulturen behaupten darf oder sogar muss? Und nach welchen Kriterien richtet sich das?

---

9 Zu beiden Tatformen und ihrem Verhältnis zueinander Jung 2012, 929; Hörnle 2014, C99-C100.

10 Nachweise bei Nehm 2005, 420-421; Hörnle 2014, C102.

11 Ebert 2004, 88-92; Hörnle 2014, C103; jeweils m. w. N.

12 Nehm 2005, 425. Weit. Nachw. bei Nehm 2005, 421; Hörnle 2014, C104.

2. *Rechtswidrigkeit*

Erfüllt eine Tat einen gesetzlichen Tatbestand, so ist sie damit in der Regel rechtswidrig. Doch kann ihre Rechtswidrigkeit durch einen Rechtfertigungsgrund ausgeschlossen sein. Rechtfertigungsgründe können sich aus dem einfachen Recht (z. B. Strafrecht, Zivilrecht), aber auch aus der Verfassung ergeben. Das wurde im Beschneidungsfall relevant, über den das Landgericht Köln im Jahre 2012 entschieden hat.[13] Nachdem das Gericht die Tatbestandsmäßigkeit der Beschneidung als Körperverletzung (§ 223 Abs. 1 StGB) festgestellt und eine Rechtfertigung nach Bürgerlichem Recht (§ 1627 BGB) verneint hatte, prüfte es, ob die Beschneidung, da sie aus religiösen Gründen und auf Veranlassung der erziehungsberechtigten Eltern erfolgt war, aufgrund der einschlägigen Grundrechte, nämlich der Religionsfreiheit (Art. 4 Abs. 1, Abs. 2 GG) und des elterlichen Erziehungsrechts (Art. 6 Abs. 2 GG) gerechtfertigt sei. Es verneinte dies, und zwar mit der Begründung, dass die genannten Grundrechte ihre Grenze am Grundrecht des Kindes auf körperliche Unversehrtheit und Selbstbestimmung (Art. 2 Abs. 1, Abs. 2 Satz 1 GG) finden. Die Fallkonstellation ist in der Rechtswissenschaft schon vor der Entscheidung des Landgerichts Köln, und dann im Anschluss an diese, kontrovers diskutiert worden.[14] Ist die Ansicht des Landgerichts, die Beschneidung sei rechtswidrig, weil nicht gerechtfertigt, richtig?

3. *Schuld*

Die dritte Ebene der strafrechtlichen Prüfung ist die Schuld.

Ein gesetzlich anerkannter Schuldausschließungsgrund ist der unvermeidbare Verbotsirrtum (§ 17 Satz 1 StGB). Das Landgericht Köln hat im Beschneidungsfall einen solchen angenom-

[13] Zum Folgenden LG Köln, Urt. v. 7.5.2012 – 151 Ns 169/11, Neue Juristische Wochenschrift (NJW) 2012, 2128-2129. Der Fall betraf eine Familie islamischen Glaubens.

[14] Kreuzer 2013, 613-620; Hörnle 2014, C45; jeweils m. w. N.

men und den Angeklagten freigesprochen, weil die Frage der Rechtmäßigkeit von Knabenbeschneidungen in Fachkreisen umstritten und deshalb die Rechtswidrigkeit (Verbotenheit) seiner Tat dem Angeklagten nicht erkennbar war.[15] Wie aber verhält es sich bei eindeutiger Rechtslage? Ist es möglich, dass ein Täter, weil er in den Vorstellungen seiner Kultur befangen ist, die Verbotenheit seiner Tat nach deutschem Recht nicht erkennt und auch nicht erkennen kann, obwohl er die Tat doch im Umfeld der Mehrheitskultur und im Kontext des deutschen Rechts begeht? Die Frage wird in der Literatur eingehend und zum Teil kontrovers diskutiert.[16]

Neben der Unrechtseinsichtsfähigkeit setzt Schuld die Fähigkeit voraus, nach der eigenen Unrechtseinsicht zu handeln; sog. Steuerungsfähigkeit. Mancher Täter mag sich zu dem seiner Herkunftskultur entsprechenden, gegen deutsches Recht verstoßenden Verhalten durch sein Gewissen genötigt gesehen haben. Gewissenszwang ist als Entschuldigungsgrund anerkannt. Rechtliche Grundlage dafür ist die vom Grundgesetz (Art. 4 Abs. 1) garantierte Gewissensfreiheit.[17] Aber wie weit reicht dieser Entschuldigungsgrund? Greift er auch bei gravierenden Taten? Und ist als schuldausschließend oder schuldmindernd auch anzusehen, dass dem Täter, ohne dass ein Gewissenszwang vorlag, seine religiöse oder kulturelle Prägung ein den deutschen Rechtsnormen entsprechendes Verhalten erschwerte?

4. Strafzumessung

Schließlich die Ebene der Strafzumessung.

Nach § 46 Abs. 2 StGB kommen als Umstände, die das Gericht bei der Zumessung der Strafe zu berücksichtigen hat, unter anderem die Beweggründe und Ziele des Täters, seine aus der Tat sprechende Gesinnung sowie sein Vorleben und seine persönlichen Verhältnisse in Betracht. Ob, inwieweit und in

[15] LG Köln, NJW 2012, 2128-2129.

[16] Valerius 2011, 171-193, 201-203; Hörnle 2014, C70-C74.

[17] Ebert 1975, 58-74.

welcher Richtung – strafmildernd oder strafschärfend – ein kultureller Kontext der Tat und eine kulturelle Verwurzelung des Täters konkret zu berücksichtigen sind, darüber äußert das Gesetz sich nicht.

Die tatrichterliche Praxis bleibt denn auch bei der Berücksichtigung der Herkunftskultur des Täters im Rahmen der Strafzumessung weithin diffus, verschwommen, pauschal und undifferenziert.[18] Versuche der revisionsgerichtlichen Rechtsprechung und der Strafrechtswissenschaft, der Berücksichtigung eines fremdkulturellen Hintergrundes bei der Strafzumessung Konturen zu geben, vermögen ihrerseits in der Sache nicht immer zu überzeugen.[19]

Nach welchen Kriterien also und in welchem Sinne ist die kulturelle Prägung einer strafbaren Handlung bei der Strafzumessung zu berücksichtigen?

II. Gesetzgebung

In der Hand des Gesetzgebers liegt es, Regelungen zu treffen, durch die interkulturelle Rechtskonflikte geschaffen oder vermieden, verschärft oder entschärft, kriminalisiert oder entkriminalisiert werden. Stellt der Gesetzgeber eine minderheitskulturspezifische Verhaltensweise unter Strafe, wird aus dem Kulturkonflikt ein Rechts-, ein Strafrechtskonflikt. Verzichtet der Gesetzgeber auf eine solche Strafbarkeit, dann ist der interkulturelle Konflikt gegebenenfalls auf einer anderen rechtlichen (z. B. zivil- oder verwaltungsrechtlichen), sonst auf der gesellschaftlichen Ebene auszutragen. Wie der deutsche Gesetzgeber sich in dieser Hinsicht bisher verhalten hat, stelle ich an einigen Beispielen dar.

[18] Hörnle 2014, C80-C82, m. N.
[19] Hörnle 2014, C82-C84, m. N.

1. Vermeidung interkultureller Rechtskonflikte

Ein Beispiel für die gesetzliche Vermeidung eines interkulturellen Rechtskonflikts bildet die religiöse Beschneidung. Im Gefolge der durch die Entscheidung des Landgerichts Köln ausgelösten öffentlichen Debatte hat der Gesetzgeber noch im Jahr 2012 eine Vorschrift geschaffen, welche die medizinisch nicht erforderliche Beschneidung von männlichen Kindern unter bestimmten Voraussetzungen erlaubt (§ 1631d BGB).[20] Beschneidungen jüdischer und muslimischer Jungen sind damit gerechtfertigt, der interkulturelle Rechtskonflikt ist für die Zukunft vermieden.

Angesichts der identitätsstiftenden Rolle, die der Knabenbeschneidung für die Juden zukommt, und angesichts des Schicksals der Juden in der jüngeren deutschen Geschichte ist dieser Schritt des deutschen Gesetzgebers von großer Bedeutung. Freilich ist mit dem gesetzgeberischen Akt die Debatte über die Beschneidung nicht beendet worden. Vielmehr wird nun über die neue Vorschrift, namentlich über ihre Verfassungsmäßigkeit, gestritten. Ich werde darauf zurückkommen.

Ein weiteres Beispiel für die Vermeidung eines interkulturellen Rechtskonflikts wäre es, wenn der Gesetzgeber die Vorschrift, welche die Doppelehe bei Strafe verbietet (§ 172 StGB), aufheben – oder sogar durch Änderung des Bürgerlichen Rechts die Doppel- oder Mehrehe erlauben – würde. Es fragt sich, ob ein solcher Schritt, der ein traditionelles Kerninstitut unserer Kultur, die Einehe, seines strafrechtlichen Schutzes – oder gar seiner Existenz – berauben würde, zu empfehlen ist. Auf diese Frage werde ich später eingehen.

[20] Gesetz über den Umfang der Personensorge bei einer Beschneidung des männlichen Kindes vom 20.12.2012; BGBl I, 2749.

2. *Schaffung und Verschärfung interkultureller Rechtskonflikte zu Lasten von Minderheitskulturen*

Statt strafrechtliche Verantwortlichkeit für minderheitskulturbedingtes Verhalten zu beseitigen, kann der Gesetzgeber eine solche Verantwortlichkeit auch schaffen oder verschärfen. Dies ist in den letzten Jahren in mehreren Fällen geschehen.

Manche Kulturen kennen die Genitalverstümmelung an Mädchen und Frauen.[21] Im Hinblick auf diese Praxis bei Migranten in Deutschland[22] hat der Gesetzgeber eine Vorschrift geschaffen, welche die Verstümmelung der äußeren Genitalien einer weiblichen Person mit Freiheitsstrafe nicht unter einem Jahr bedroht (§ 226a StGB).[23] Die normalerweise als bloßes Vergehen (nach §§ 223, 224 StGB) strafbare[24] Tat wurde damit für diesen Fall zum Verbrechen heraufgestuft (§ 12 StGB). Im Gegensatz zur religiös motivierten Beschneidung von Jungen, bei der die Strafbarkeit wegen Körperverletzung gesetzlich ausgeschlossen wurde, hat der Gesetzgeber bei der kulturell bedingten Beschneidung von Mädchen also die Strafbarkeit wegen Körperverletzung nicht nur bestehen gelassen, sondern sogar noch verschärft.[25]

Entsprechendes ist in Bezug auf Zwangsehen geschehen. Die zwangsweise Verheiratung eines Menschen war nach deutschem Recht schon immer als Nötigung (§ 240 StGB) strafbar.[26] Um der von Migranten geübten Praxis, ihre Kinder – meist

---

[21] Hörnle 2014, C53; Kraatz 2015, 246, 250.

[22] Dazu Kraatz 2015, 247.

[23] 47. Strafrechtsänderungsgesetz vom 24.9.2013; BGBl I, 3671.

[24] Siehe jedoch auch Kraatz 2015, 248.

[25] Zur Frage der Berechtigung dieser Ungleichbehandlung Kreuzer 2013, 617; Hörnle 2014, C53-C54, C56-C58; Kraatz 2015, 250-251.

[26] Der durch das 6. Strafrechtsreformgesetz vom 26.1.1998 eingefügte Abs. 4 des § 240 stellte in Satz 2 Nr. 1 (in der Fassung des 37. Strafrechtsänderungsgesetzes vom 11.2.2005) den Fall, dass der Täter „eine andere Person […] zur Eingehung der Ehe nötigt“, als besonders schweren Fall unter erhöhte Strafe.

Töchter – gegen deren Willen zu verheiraten, härter entgegenzutreten,[27] hat der Gesetzgeber im Jahr 2011 einen eigenen Tatbestand der Zwangsheirat geschaffen, dessen Strafdrohung die Höhe der für Nötigung angedrohten Strafe übersteigt (§ 237 StGB).[28]

3. *Schaffung interkultureller Rechtskonflikte zu Lasten der Mehrheitskultur*

Eine strafrechtliche Aufladung interkultureller Konflikte durch gesetzliche Strafvorschriften kann nicht nur, wie in den soeben genannten Beispielen, zu Lasten von Minderheitskulturangehörigen (durch deren Kriminalisierung), sondern auch zu ihren Gunsten und zu Lasten der Mehrheitskulturangehörigen erfolgen. Dies geschieht durch gesetzliche Vorschriften, die kulturelle Minderheiten gegen Angriffe seitens Angehöriger der Mehrheitskultur schützen. Auch solche Vorschriften enthält – und zwar schon seit längerem – das geltende Strafrecht. Zu nennen sind die Strafvorschrift gegen Bekenntnisbeschimpfung (§ 166 StGB), die vor allem die Bekenntnisse religiöser Minderheiten betrifft,[29] und die Strafvorschrift gegen rassistische oder sonst gegen Minderheiten als solche gerichtete Äußerungen, sog. Volksverhetzung (§ 130 StGB).

B. Quod esse potest: Kulturbezogene Strafrechtsmodelle

Bevor ich die geschilderte Rechtsprechung und Gesetzeslage im Lichte normativer Vorgaben kritisch betrachte und dabei auch die oben aufgeworfenen Fragen beantworte (Teil C), stelle ich

[27] Zum Zuschnitt auf diese Zielgruppe Hilgendorf 2014a, 562.

[28] Gesetz zur Bekämpfung der Zwangsheirat [...] vom 23.6.2011; BGBl I, 1266. Zugleich wurde in § 240 Abs. 4 Satz 2 Nr. 1 StGB die Tatvariante Zwangsverheiratung als besonders schwerer Fall gestrichen.

[29] Hierzu Valerius 2011, 360, 378.

im Folgenden die Haltungen, die eine Gesellschaft überhaupt in rechtlicher Hinsicht zu fremden bzw. Minderheitskulturen einnehmen kann, in einer Typologie möglicher Strafrechtsordnungen dar. Ich bilde hierfür drei Modelle, die ich I. Mehrheitskulturorientiertes, II. Kulturpluralistisches und III. Kulturübergreifendes Modell nenne.[30]

I. Mehrheitskulturorientiertes Modell

Eine Strafrechtsordnung, die sich den Schutz der eigenen Mehrheitskultur – in unserem Falle der christlich-abendländisch-westlichen Kultur – angelegen sein lässt, wird neben kulturübergreifenden allgemeinen Rechtsgütern wie Leben, Eigentum und Freiheit auch mehrheitskulturspezifische Rechtsgüter und Werte wie die anerkannte Form der Ehe, die herrschende Sexualmoral und das eigene religiöse Bekenntnis mit Strafschutz versehen. Sie wird kulturelle Sitten und Gebräuche, etwa die Bestattung und das Totengedenken betreffend, gegen Störungen, Verstöße und Abweichungen schützen. Es gibt also in einer solchen Rechtsordnung Straftatbestände z. B. gegen Doppelehe, anstößiges Sexualverhalten, Verunglimpfung der christlichen Religion, Störung von Totenruhe und Bestattungsfeiern, usw.

Angriffen gegen ihre Rechtsgüter von Seiten Minderheitskulturangehöriger wird eine mehrheitskulturorientierte Strafrechtsordnung kompromisslos begegnen. Sie wird in solchen Fällen weder die Geltung ihrer Normen durch Anerkennung von Rechtfertigungsgründen relativieren noch auf der Schuldebene dem Täter einen Verbotsirrtum oder sonst einen Entschuldigungsgrund zugutehalten.

Sie wird Angriffe, die ihren Ursprung in fremden Kulturen haben, nicht nur wie andere Angriffe ahnden, sondern unter

[30] Das letztgenannte Modell stimmt mit dem Gedanken eines „interkulturellen Strafrechts“ bei Höffe 1999 überein. Die von Höffe 1999, 19-30 mit Bezug auf dieses formulierten „sechs Antwortmuster“ finden dagegen in den vorliegend gebildeten Modellen keine Entsprechung.

Umständen, wenn sie als besondere Bedrohung der Mehrheitskultur empfunden werden, sogar mit härterer Strafe.

Ihre eigenen kulturellen Werte rechtlich zu umhegen und ihre Rechtsordnung kompromisslos gegen andere Kulturen zu verteidigen, wird eine Gesellschaft umso mehr geneigt sein, je gewisser sie ihrer selbst und je mehr vom Wert ihrer Normen sie überzeugt ist.[31]

II. Kulturpluralistisches Modell

Eine Strafrechtsordnung, die auch Minderheitskulturen schützt (kulturpluralistische Strafrechtsordnung), kennt Tatbestände wie den der Volksverhetzung, der bestimmte verbale Angriffe auf kulturelle Minderheiten pönalisiert, und den der Verunglimpfung religiöser Bekenntnisse ohne Beschränkung auf das der Mehrheitskultur eigene Bekenntnis.

Eine kulturpluralistische Strafrechtsordnung privilegiert darüber hinaus Angriffe gegen strafrechtlich geschützte Rechtsgüter, wenn solche Angriffe auf den Anschauungen einer Minderheitskultur beruhen, unter bestimmten Voraussetzungen durch Rechtfertigungsgründe. Dabei kommen über spezifische Rechtfertigungsgründe (wie z. B. für den Fall der Knabenbeschneidung) hinaus auch generelle Rechtfertigungsgründe in Betracht, wie die international diskutierte „cultural defense".[32]

Eine kulturpluralistische Strafrechtsordnung vermeidet und verhindert die Diskriminierung religiöser und kultureller Minderheiten, achtet und schützt sie vielmehr und trägt ihren Eigenarten nach Möglichkeit durch Verzicht auf ihre Kriminalisierung Rechnung. Wenn ein solches Antidiskriminierungsprogramm sich über das Strafrecht hinaus auch auf andere Rechtsgebiete, insbesondere das Öffentliche Recht, erstreckt, dann bildet es das Gegenprogramm zu einer Diskriminierungspolitik, die bestimmte kulturell, ethnisch oder sonst wie definierte

---

[31] Hassemer 1999, 158-159.

[32] Siehe unten C III 1.

Gruppen als fremd oder minderwertig ausgrenzt, stigmatisiert und dämonisiert, dem Hass und der Verachtung durch die Bevölkerung preisgibt und staatlicherseits verfolgt, was in der Geschichte, besonders in der jüngeren deutschen Geschichte, zu Pogromen, ethnischen Säuberungen durch Vertreibung und Deportation, schließlich zum Völkermord geführt hat. Durch eine gezielte Antidiskriminierungspolitik kann versucht werden, dem Rückfall in Pogrome und Völkermord für die Zukunft vorzubeugen.[33]

III. Kulturübergreifendes Modell

Schließlich lassen sich Strafrechtsordnungen denken, in denen kulturelle Besonderheiten – sei es der Mehrheitskultur, sei es von Minderheitskulturen – keine Rolle spielen.

Eine derart kulturübergreifende Strafrechtsordnung schützt nur universelle Rechtsgüter, also solche, die allen Kulturen gemeinsam sind, wie zum Beispiel Leben, Leib, Freiheit, Ehre und Eigentum sowie bestimmte öffentliche Güter.[34] Strafbare Handlungen sind dementsprechend insbesondere Tötung, Freiheitsberaubung und Nötigung, Beleidigung, Diebstahl und Raub, Brandstiftung und Sachbeschädigung, Hoch- und Landesverrat, Meineid und verschiedene Arten der Fälschung.

Kulturspezifischen Gründen für einen Angriff auf ein strafrechtlich geschütztes Gut misst eine kulturübergreifende Strafrechtsordnung keinerlei rechtliche Bedeutung bei. Solche Gründe werden strafausschließend, strafmildernd oder straf-

[33] Pinker 2011, 577; Valerius 2011, 318-319. – Siehe für Deutschland Art. 3 Abs. 3 Satz 1 GG, § 130 StGB, §§ 6, 7 Völkerstrafgesetzbuch. Eine besondere Reaktion auf die geschichtliche Erfahrung bilden die Absätze 3 und 4 des § 130 StGB.

[34] Soweit es sich dabei um Individualrechtsgüter handelt, finden sich diese in den Menschenrechten. Insofern ist eine im hier gemeinten Sinne kulturneutrale gleichbedeutend mit einer auf die Menschenrechte bezogenen Strafrechtsordnung. Vgl. Höffe 1999, 48-57, 77-80, 104-111; Rössner 1999, 124-126.

schärfend allenfalls nach den allgemein geltenden rechtlichen Kriterien berücksichtigt.

Eine kulturübergreifende Strafrechtsordnung vermeidet weitgehend die mit einer Kriminalisierung gegebene Dramatisierung interkultureller Konflikte. Die Bewältigung solcher Konflikte wird aus dem strafrechtlichen Bereich herausgehalten und, wenn nicht anderen Rechtsbereichen (z. B. dem Zivil- oder Verwaltungsrecht), allein der gesellschaftlichen Sphäre überlassen.

C. Quod esse debet: Regelung interkultureller Rechtskonflikte nach normativen Vorgaben

In der Entscheidung für eines der drei Modelle und in deren jeweiliger Ausgestaltung ist der Strafgesetzgeber nur insoweit frei, als ihn nicht normative Vorgaben der eigenen Rechtsordnung binden. Im deutschen Rechtsbereich enthält solche Vorgaben vor allem die Verfassung, das Grundgesetz. Dieses gewährt den Angehörigen kultureller Minderheiten Rechte, zum Beispiel Religionsfreiheit, und legt insofern die Wahl des kulturpluralistischen Modells nahe. Die verfassungsrechtlich gebotene religiöse und weltanschauliche Neutralität des Staates beschränkt ihrerseits den Gesetzgeber in seinen Möglichkeiten, für bestimmte kulturelle Positionen Partei zu ergreifen, und spricht damit für das kulturübergreifende Modell. Neben dem Grundgesetz sind es auch allgemeine Prinzipien des Strafrechts, die der Wahl zwischen den Modellen Grenzen setzen oder doch ihre Ausgestaltung präjudizieren.

I. Religion, Moral, Kultur, kulturelle Identität: legitime Gegenstände der Strafrechtsordnung?

Einem die Kultur – sei es die Mehrheitskultur, seien es Minderheitskulturen – schützenden Strafrecht sind dadurch enge

Grenzen gezogen, dass wesentliche Kulturelemente, nämlich zumindest Religion und Moral, als Gegenstände strafrechtlichen Schutzes von vornherein nicht oder nur begrenzt in Betracht kommen. Das hat verfassungsrechtliche und strafrechtstheoretische Gründe.

1. Religion

Aus der grundgesetzlich garantierten Religionsfreiheit (Art. 4 GG), der Trennung von Staat und Kirche (Art. 140 GG i. V. m. Art. 137 Abs. 1 WRV) sowie den Funktionsbedingungen des demokratischen und liberalen Rechtsstaats ergeben sich das Gebot religiöser und weltanschaulicher Neutralität des Staates und dessen säkularer Charakter.[35] „Der Staat des Grundgesetzes beruht auf dem Grundsatz gleicher Freiheit auch in religiös-weltanschaulichen Dingen. Er ist in diesem Sinne religiös-weltanschaulich neutral. Das Grundgesetz als Verfassungsordnung gründet auf einem normativen Selbststand, d. h. es bedarf als demokratisch gesetzte Rechtsordnung keiner weitergehenden philosophischen oder theologischen Begründung. In diesem Sinne ist der Staat des Grundgesetzes säkular."[36] Zwar steht die Verfassung Religionen und Weltanschauungen nicht ablehnend gegenüber, im Gegenteil: Der Staat des Grundgesetzes ist an religiös-weltanschaulichen Haltungen und Betätigungen seiner Bürger interessiert; er darf und soll sie fördern.[37] Denn Religionen und Weltanschauungen erfüllen auf der Ebene der Gesellschaft wichtige Funktionen im Hinblick auf Sinnstiftung, auf Norm- und Wertefragen, auf sozialethische Diskurse über Gerechtigkeit, Gemeinwohl und gutes Leben.[38] Die staatliche Bevorzugung einer bestimmten Weltanschauung oder Religion,

---

[35] Hilgendorf 2006, 363-364; Gutmann 2008, 303-308; Volkmann 2008, 248-250 und passim.

[36] Heinig 2013, 328.

[37] Hilgendorf 2006, 364; Heinig 2013, 328.

[38] K. Gabriel 2008, 56, 62, 67-68; Hilgendorf 2006, 370-372; Wermke 2014, 80-81.

etwa der christlichen, schließt die Verfassung jedoch aus.[39] Dies gilt namentlich auch für die Gesetzgebung. Rechtsnormen mit allgemeinem Geltungsanspruch können weder auf „partikuläre Vorstellungen des Guten" noch auf „glaubensmäßige bzw. dogmatische Setzungen" gegründet werden.[40] Freilich ist das Recht und gerade das Strafrecht unserer westlichen Kultur wesentlich vom Christentum beeinflusst und geprägt worden.[41]

Das im Prinzip noch heute geltende Reichsstrafgesetzbuch von 1871[42] enthielt in seinem Besonderen Teil viele Straftatbestände, die in christlichen Glaubenssätzen gründeten.[43] So etwa Wucher, Meineid, Gotteslästerung, Bigamie, Ehebruch, Inzest, Kuppelei, einfache Homosexualität und Sodomie. Einige dieser Tatbestände waren jedoch bereits auf säkulare Rechtsgüter abgestellt. So der Wucher auf das Vermögen und der Meineid auf die Rechtspflege. Andere haben im Laufe der Entwicklung weltliche Umdeutungen erfahren. So die Gotteslästerung von der Verletzung der Ehre Gottes über die Verletzung religiöser Gefühle hin zur Störung des öffentlichen Friedens;[44] die Sexualdelikte von Sündentaten über Straftaten gegen die Sittlichkeit hin zu solchen gegen die sexuelle Selbstbestimmung. In einigen Fällen wird die Umstellung auf säkulare Rechtsgüter bis heute diskutiert. So soll der Tatbestand der Doppelehe die staatliche Eheordnung, der des Inzests die Institution Familie und die Gesundheit schützen, doch werden diese Legitimationen bestritten.[45] Auf die Doppelehe werde ich zurückkommen.

[39] Hilgendorf 2006, 364, 379. – Kritisch zu den Privilegien der christlichen Kirchen vor diesem Hintergrund Hilgendorf 2006, 367-370, 379-380; siehe auch Heinig 2013, passim.

[40] Gutmann 2008, 304.

[41] Dreier 2008, 16-18.

[42] RGBl 1871, Teil I, 127ff. Fassung der Bekanntmachung vom 13.11.1998; BGBl I, 3322.

[43] Zum Folgenden Gutmann 2008, 300-303; Dreier 2008, 19.

[44] Dazu näher Ebert 2004, 81-84; Valerius 2011, 353-360.

[45] Gutmann 2008, 302-303; Valerius 2011, 323-327; weit. Nachw. bei Kühl/Heger 2014, § 172 Rn. 1, § 173 Rn. 1.

Auf zwei Teilbereiche strafrechtlichen Lebensschutzes sei noch hingewiesen, in deren Regelung christliche bzw. kirchliche Einflüsse sich nach wie vor bemerkbar machen: den Embryonenschutz und die Tötung auf Verlangen bzw. Sterbehilfe.[46] Demgegenüber haben sich bei der Regelung des Schwangerschaftsabbruchs gegen kirchlich geprägte mittlerweile andere Vorstellungen durchgesetzt.[47]

Insgesamt ein Produkt der christlichen Theologie des Mittelalters und ihrer Juridifizierung ist der Allgemeine Teil des Strafrechts. Die Lehren vom Verbrechen, von Zurechnung, Kausalität, Rechtfertigung, Vorsatz, Fahrlässigkeit, Schuld, Irrtum, Versuch, Täterschaft und Teilnahme sind im Wesentlichen so, wie wir sie heute kennen und anwenden, im kanonischen Recht des 11. und 12. Jahrhunderts entwickelt worden.[48] Doch wegen der Entstehung aus christlich-kirchlichen Wurzeln eine christliche Prägung des heutigen Allgemeinen Teils anzunehmen, wäre ein Fehlschluss. Genese und Geltung, geschichtliche Herkunft und gegenwärtige Rechtfertigung bzw. Begründung sind voneinander zu unterscheiden.[49] Vernunftrechtstheorie und Aufklärung haben die allgemeinen Lehren des Strafrechts von ihren sündentheologischen und kanonistischen Wurzeln gelöst und sie auf ein neues, säkulares Begründungsfundament, auf ein Konzept diesseitiger Verantwortlichkeit umgestellt. Die Rechtstheorie trennte sich von der Theologie und entwickelte eine Rechtswissenschaft, die des Rekurses auf die Transzendenz nicht mehr bedurfte. Damit hatte die inhaltliche Prägung des Allgemeinen Teils durch die christliche Religion ihr Ende gefunden.[50]

---

[46] Hilgendorf 2006, 365-366; Gutmann 2008, 303, 308-313.

[47] Hilgendorf 2006, 365.

[48] Gutmann 2008, 295-297. Siehe auch Dreier 2008, 16-18.

[49] Allgemein: G. Gabriel 2012. Speziell für das Recht: Gutmann 2008, 298; Möllers 2008, 231; Heinig 2013, 330.

[50] Gutmann 2008, 297-300; Dreier 2008, 18.

Zusammenfassend ist festzustellen, dass es religiös, und zwar christlich fundierte Normen im Strafrecht allenfalls noch in wenigen Relikten im Besonderen Teil gibt.[51]

2. *Moral*

Strafrecht greift auf allen seinen Verwirklichungsstufen – durch das strafgesetzliche Verbot, durch die strafgerichtliche Verurteilung und durch den administrativen Strafvollzug – erheblich in die Freiheitsrechte der davon Betroffenen ein.[52] Daraus folgt, dass beim Einsatz von Strafrecht Zurückhaltung geboten ist; und das bedeutet insbesondere: Strafrecht hat nur gemeinschaftsnotwendige, für das gesellschaftliche Leben in Frieden und Freiheit fundamental wichtige Interessen zu schützen.[53] Für diese steht in der gegenwärtigen Strafrechtstheorie der Begriff des Rechtsguts.[54] Unter Rechtsgütern versteht man „alle Gegebenheiten oder Zwecksetzungen [...], die für die freie Entfaltung des Einzelnen, die Verwirklichung seiner Grundrechte und das Funktionieren eines auf dieser Zielvorstellung aufbauenden staatlichen Systems notwendig sind".[55] Rechtsgüter sind Interessen des Einzelnen wie Leben, Leib, Freiheit, Eigentum, und Interessen der Allgemeinheit wie etwa die Existenz des Staates und seiner verfassungsmäßigen Ordnung, das Funktionieren der Rechtspflege und die Sicherheit des Rechtsverkehrs.

Der Gedanke des Rechtsgüterschutzes ist nach herrschender Lehre ein „Legitimationsprinzip staatlicher Strafgesetzgebung".[56] Es gebietet nicht nur positiv, Rechtsgüter erforderli-

[51] Hilgendorf 2006, 365-367; Gutmann 2008, 303.

[52] Ebert 2001, 3.

[53] Ebert 2001, 1-5.

[54] Der Rechtsgutsbegriff beherrscht als argumentativer Topos die kriminalpolitische Diskussion, wenngleich nicht mehr unangefochten. Siehe Hassemer 1999, 165-166; Seelmann 2007, 893; Hörnle 2008, 320-321; dies. 2014, C24; Valerius 2011, 321-322.

[55] Roxin 2006, 16.

[56] Hassemer 1999, 165; Valerius 2011, 321-322.

chenfalls durch Strafrecht zu schützen. Sondern es hat vor allem eine strafrechtskritische Funktion, indem es gebietet, auf eine Strafvorschrift zu verzichten, wenn sie sich nicht als rechtsgutsschützend ausweisen kann.[57] Nicht zu den strafrechtslegitimierenden Gütern gehört die Moral. Strafrecht hat Rechtsgüter zu schützen, nicht eine bestimmte Moral sicherzustellen. Die Bekämpfung sozialschädlichen, nicht die Bekämpfung unmoralischen Verhaltens ist Aufgabe des Strafrechts.[58]

Diese Erkenntnis hat seit den 1960er Jahren zu einer Umgestaltung des Sexualstrafrechts geführt.[59] Im Zuge dieser Reform sind die Strafnormen gegen Ehebruch, einfache Homosexualität und Sodomie gestrichen, andere Sexualtatbestände von Moralwidrigkeiten auf Verletzung von Rechtsgütern (sexuelle Selbstbestimmung, ungestörte Entwicklung von Kindern und Jugendlichen) umgestellt worden.[60] Heute sind rein moralschützende Normen im deutschen Strafrecht nicht mehr vorhanden, abgesehen von der Vorschrift gegen Inzest, auf deren Fragwürdigkeit ich schon in anderem Zusammenhang hingewiesen habe, und einigen umstrittenen weiteren Vorschriften.[61]

3. *Kultur*

Ist Kultur – über die erörterten Kulturelemente Religion und Moral hinaus – legitimer Gegenstand des Strafrechts? Gehören kulturelle Überzeugungen, Gebräuche und Institutionen zu den fundamentalen Interessen, zu deren Schutz das scharfe Schwert des Strafrechts eingesetzt werden darf?[62] Nach dem Maßstab des Rechtsgutsbegriffs erscheint dies zumindest problematisch.

---

[57] Hassemer 1999, 165-166; Ebert 2001, 1-2.

[58] Hassemer 1999, 166; Ebert 2001, 1; Valerius 2011, 321-322.

[59] Hassemer 1999, 166; Gutmann 2008, 302; Ebert 2004, 78-81; ders. 2009, 186-188; Valerius 2011, 322.

[60] Ebert 2009, 186-188.

[61] Zur Problematik der §§ 183, 183a, 184a StGB Valerius 2011, 327-330.

[62] Zur Fragestellung und ihrer Eingrenzung Valerius 2011, 314, 320-321.

Damit stehen mehrere Tatbestände des geltenden Strafrechts auf dem Prüfstand. So zunächst die Tatbestände der Störung einer Bestattungsfeier und der Störung der Totenruhe (§§ 167a, 168 StGB). In ihnen geht es um „kulturell tief verankerte Gebote zum Umgang mit Toten", um entsprechende Sitten, Gebräuche und Moralvorstellungen; es geht um das „Pietätsgefühl der Allgemeinheit", das auf kulturell begründeten Vorstellungen über den einem menschlichen Leichnam geschuldeten Respekt beruht.[63] Mit dem Begriff des Rechtsguts lässt sich das alles kaum erfassen.[64] Sodann der Tatbestand der Doppelehe (§ 172 StGB). Er ist mit dem Schutz individueller Interessen ebenso wenig zu erklären wie mit dem Schutz eines Rechtsguts der Allgemeinheit.[65] Geschützt werden durch den Tatbestand kulturelle Werte und Normen: die geltende staatliche Eheordnung, speziell die Institution der Einehe als überkommene Lebensform, als die abendländische Form der Ehe.[66] Der Hinweis auf die abendländische Tradition als solche ist nicht geeignet, die Vorschrift zu legitimieren.[67] So wird denn auch die Ansicht vertreten, dass es „nur noch eine Frage der Zeit sein dürfte, bis die Verfassungsmäßigkeit des strafrechtlich sanktionierten Verbots der Bi- oder Polygamie angezweifelt wird".[68] Erwogen wird, solchen kulturbezogenen Strafvorschriften wenigstens dann Legitimität zuzuerkennen, wenn sie „eine Stütze in Grundrechten finden".[69] So kann man der Polygamie eine die Frauen systematisch benachteiligende Machtstruktur zuschreiben und demgegenüber die Monogamie als emanzipatorisch, der Gleichberechtigung der

63 Hörnle 2008, 325; Valerius 2011, 333.

64 Seelmann 2007, 893-894; Valerius 2011, 333.

65 Näher Hörnle 2008, 322-323. Siehe auch Jung 2012, 930.

66 Hörnle 2008, 322-324; Valerius 2011, 323-324. Siehe auch Jung 2012, 930-931.

67 Hörnle 2008, 330.

68 Dreier 2008, 22. Siehe auch Volkmann 2008, 256.

69 Hörnle 2008, 329-330.

Geschlechter eher förderlich ansehen;[70] und die Störung der Totenruhe als Verstoß gegen den in der Menschenwürde begründeten postmortalen Achtungsanspruch des Verstorbenen betrachten.[71] Ob nicht unabhängig hiervon der strafrechtliche Schutz von Kultur trotz der Schwierigkeiten mit dem Rechtsgutsbegriff sich legitimieren lässt,[72] bleibt eine offene und weiterer Diskussion bedürftige Frage. Haben immaterielle Kulturgüter nicht die gleiche Bedeutung für das Gemeinwesen wie materielle Kulturgüter, die nach § 304 StGB – offenbar unangefochten – strafrechtlichen Schutz genießen?[73]

Neben der strafrechtstheoretischen hat das Problem eine verfassungstheoretische Seite. Steht dem strafrechtlichen Schutz von Kultur nicht das schon in anderem Zusammenhang[74] behandelte Gebot staatlicher Neutralität entgegen? In der Tat hat das Neutralitätsprinzip sich im Laufe der Zeit von Religion als seinem ursprünglichen Anwendungsgebiet über Weltanschauung bis in immer weitere Gebiete der geistigen und ethischen Orientierung ausgedehnt.[75] In einem Prozess zunehmenden „Äußerlichwerdens“ zog der Staat sich aus solchen Gebieten zurück, diese der Selbstbestimmung der Bürger überlassend und sich insoweit Partei- und Stellungnahmen untersagend. In der Konsequenz dieser Entwicklung liegt eine Neutralität des Staates gegenüber der gesamten Kultur. Da zum Neutralitätsgebot das Verbot strafrechtlichen Schutzes gehört, wären damit Strafnormen zum Schutz kultureller Güter ausgeschlossen. Die be-

[70] Hörnle 2008, 330-331; Jung 2012, 931. Kritisch Valerius 2011, 323-324.

[71] Hörnle 2008, 331.

[72] Zu denkbaren Legitimationen jenseits des Rechtsgutsbegriffs Seelmann 2007, passim.

[73] Der Strafgrund des § 304 StGB, der die gegenüber der einfachen Sachbeschädigung (§ 303 StGB) eigenständige und höhere Strafdrohung trägt, ist „nicht das Eigentum, sondern das allgemeine Interesse an bestimmten zweckgebundenen, namentlich kulturellen oder gemeinnützigen Gegenständen“; Kühl/Heger 2014, § 304 Rn. 1.

[74] Oben 1.

[75] Hierzu und zum Folgenden Volkmann 2008, 248-256.

schriebene Entwicklung führt indessen zu Selbstwidersprüchen und zur Preisgabe unaufgebbarer Verfassungsprinzipien, was hier nicht dargestellt werden kann.[76] Dass der Schutz von Kultur durch Strafrecht generell illegitim sei, lässt sich daher mit dem Gebot staatlicher Neutralität nicht begründen.

4. *Kulturelle Identität*

Im Fokus der Legitimitätskritik steht auch die Strafvorschrift gegen Beschimpfung von Bekenntnissen, Religionsgesellschaften und Weltanschauungsvereinigungen (§ 166 StGB). Welches Interesse legitimiert diese Vorschrift? Ist es, wie die herrschende Meinung annimmt, der öffentliche Friede,[77] weil beschimpfende Äußerungen gewalttätige Reaktionen der Betroffenen hervorrufen können? Hiergegen spricht, dass solche Reaktionen gerechterweise allein den derart Reagierenden und nicht auch denen zugerechnet werden sollten, die durch lediglich verbale Äußerungen solche Reaktionen verursachen.[78] Ob im Gebot religiöser und weltanschaulicher Toleranz das Rechtsgut des § 166 StGB gesehen werden kann, ist umstritten.[79] Will die Vorschrift die religiösen Gefühle der Betroffenen schützen?[80] Gefühle als solche sind, so jedenfalls die in der Strafrechtswissenschaft nahezu einhellige Ansicht, kein möglicher Gegenstand strafrechtlichen Schutzes.[81] Der Schutz der Religionsgrundrechte nach Art. 4

---

[76] Verwiesen sei hierfür auf Volkmann 2008, 256-262.

[77] Kühl/Heger 2014, § 166 Rn. 1, m. w. N.; Hilgendorf 2014a, 560; ders. 2014b, 823.

[78] Norouzi 2014, 596; Hörnle 2008, 326-327; dies. 2014, C27-C28, C38; dies. 2015, 294-295, 297. – Weitere Argumente gegen den öffentlichen Frieden als Rechtsgut der Vorschrift bei Valerius 2011, 357-360, 375, 380.

[79] Dafür Valerius 2011, 368-381; dagegen Hörnle 2014, C38-C39.

[80] In diesem Sinne Seelmann 2007, 894-895; Hilgendorf 2014a, 560.

[81] Valerius 2011, 322, 355-356; Hörnle 2008, 334; dies. 2014, C29, C44; Norouzi 2014, 596. Siehe jedoch auch Seelmann 2007, passim; Hilgendorf 2014a, 559-560, m. w. N.

Abs. 1, Abs. 2 GG rechtfertigt entgegen verbreiteter Ansicht § 166 StGB jedenfalls nicht, da eine bloße Bekenntnisbeschimpfung weder die Bekenntnis- noch die Religionsausübungsfreiheit zu beeinträchtigen vermag.[82]

In der Literatur wird diskutiert, ob der Schutz der kulturellen Identität der Betroffenen die Vorschrift des § 166 StGB legitimiert.[83] Unter kultureller Identität wird in diesem Zusammenhang das Selbstkonzept eines Individuums verstanden, das sich als Mitglied einer Gruppe mit deren spezifischen, namentlich religiösen Sinn- und Handlungsmustern derart identifiziert, dass diese „für den Kern [seiner] Persönlichkeit [...] zentrale Bedeutung haben, [...] von ihm als wesensbestimmend erlebt werden".[84] In diesem Selbstkonzept, eben seiner kulturellen Identität, würde derjenige, dessen Bekenntnis beschimpft wird, verletzt. Gegen eine solche Deutung des § 166 StGB – und gegen die Anerkennung kultureller Identität als Gegenstand strafrechtlichen Schutzes überhaupt – spricht Folgendes.[85] Die Fähigkeit des Rechts zur Lösung von Konflikten hängt wesentlich davon ab, dass diese als Konflikte zwischen individuellen Parteien definiert und nicht durch Bezug auf Kollektive oder auf gesellschaftliche Probleme verallgemeinert, dadurch politisiert und dramatisiert werden. Gerade das Strafrecht bezieht seine befriedende Funktion daraus, dass der Konflikt lediglich das Verhältnis zwischen dem Staat und dem Einzelnen als Individuum betrifft und einen dementsprechend begrenzten Sachverhalt zum Gegenstand hat. Wird in den strafrechtlichen Konflikt die Gruppenzugehörigkeit des Einzelnen einbezogen, was beim Abstellen auf dessen kulturelle Identität notwendig der Fall ist,

---

[82] Norouzi 2014, 596; Hörnle 2015, 295-297.

[83] Vgl. Hörnle 2008, 317-319, 325-327.

[84] Hörnle 2008, 319.

[85] Vgl. Möllers 2008, 230-231, 243; Jung 2012, 931. – Zu weiteren Einwänden Hörnle 2008, 332-337; dies. 2014, C29-C30, C41; dies. 2015, 296-297. Siehe auch Volkmann 2008, 256-262.

dann drohen eine Politisierung und eine Eskalation, welche die Befriedungsleistung des Strafrechts ernsthaft in Frage stellen.

Alles in allem ist es also schwierig, die Strafvorschrift gegen Bekenntnisbeschimpfung zu rechtfertigen. Von manchen wird deshalb ihre Aufhebung gefordert.[86] Dahinter stehen zudem Bedenken gegen die Vereinbarkeit der Vorschrift mit dem Grundrecht der Meinungsfreiheit (Art. 5 GG).[87] Letztere umfasst auch pauschale und überzogene Kritik, deren Abgrenzung von beschimpfender Kritik kaum möglich erscheint.[88] Hier zeigt sich auch, dass es bedenklich ist, die Vorschrift des § 166 StGB mit dem Schutz religiöser Gefühle zu legitimieren. Die Ereignisse aus Anlass von Mohammed-Karikaturen haben verdeutlicht, dass verletzte religiöse Gefühle zum „Kränkungsfetischismus" ausarten und zu einer gefährlichen Waffe gegen das hohe Gut der in Art. 5 GG garantierten Meinungs-, Presse- und Kunstfreiheit instrumentalisiert werden können.[89] Gewiss ist im Umgang mit fremden Bekenntnissen und kulturellen Befindlichkeiten Takt und Rücksichtnahme geboten. Dies ist aber ein moralisches Gebot, das nicht Gegenstand strafrechtlichen Zwanges sein kann.

II. Rolle der Religions- und allgemeinen Handlungsfreiheit

Wenden wir den Blick von der Kultur als Gegenstand strafrechtlichen Schutzes auf ihre Bedeutung für die Eröffnung strafrechtlich relevanter Handlungsspielräume.

[86] Hörnle 2014, C42; dies. 2015, 297; Norouzi 2014, 596. Dagegen 70. Deutscher Juristentag, Abteilung Strafrecht, Beschluss 6b/c.

[87] Hierzu auch Valerius 2011, 371-374.

[88] Selbst sachliche Kritik lässt sich unter Umständen aus der Sicht der Betroffenen von Beschimpfung nicht trennen; Hörnle 2008, 334-335. – Anders Valerius 2011, 337.

[89] Dreier 2008, 24-26. Vgl. auch Hörnle 2015, 295.

1. *Verfassungsrechtliche Garantien und ihre Grenzen*

Hier tritt das Grundrecht der Religionsfreiheit (Art. 4 GG) in seinen Ausprägungen als Glaubens- und Bekenntnis- (Abs. 1) und als Religionsausübungsfreiheit (Abs. 2) auf den Plan. Neben der Religionsfreiheit garantiert das Grundgesetz allgemeine Handlungsfreiheit (Art. 2 Abs. 1 GG: „Jeder hat das Recht auf die freie Entfaltung seiner Persönlichkeit, ..."), was für kulturell geprägte Handlungen ohne religiösen Charakter Bedeutung hat.

Während das Grundgesetz die allgemeine Handlungsfreiheit unter den Vorbehalt der Achtung der Rechte anderer und der verfassungsmäßigen Ordnung stellt (Art. 2 Abs. 1 GG: „soweit er nicht die Rechte anderer verletzt und nicht gegen die verfassungsmäßige Ordnung ... verstößt"), gewährt es Religionsfreiheit ohne Vorbehalt. Daraus ergibt sich die Notwendigkeit, die Schutzbereiche der beiden grundgesetzlich garantierten Freiheiten voneinander abzugrenzen. Wie weit reicht die starke Garantie religiösen, wo beginnt die schwache Garantie bloß kulturellen Handelns?[90] Der Unterschied relativiert sich allerdings dadurch, dass jene Grundrechte, denen wie der Religionsfreiheit explizite Begrenzungen fehlen, verfassungsimmanenten Schranken unterliegen. Solche Schranken bilden die Grundrechte anderer und Gemeinschaftswerte von Verfassungsrang.[91] Verletzt eine unter Art. 4 GG fallende Handlung Rechte, die ebenfalls den Schutz der Verfassung genießen, so hat zwischen den kollidierenden Rechten eine Abwägung stattzufinden.[92] Auch die Religionsfreiheit eröffnet also keineswegs unbegrenzte Handlungsspielräume zu Lasten der Rechte anderer.[93]

---

[90] Hilgendorf 2014b, 828-829; Hörnle 2014, C14-C15.

[91] Bundesverfassungsgericht, Entscheidungen (BVerfGE) Band 32, 98 (107); 52, 223 (246); 108, 282 (297). Im Ansatz weitergehend, in den Ergebnissen aber ähnlich Roman Herzog in Maunz/Dürig 2014, Art. 4 Rn. 89-92, 111-117.

[92] Ebert 1975, 46-47, 67-68, m.w.N.

[93] Herzog in Maunz/Dürig 2014, Art. 4 Rn. 111-112.

2. *Folgerungen*

Für die Thematik interkultureller Rechtskonflikte bedeutet das:

Religiös oder kulturell motivierte Angriffe gegen anerkannte Freiheitsrechte wie Leben, körperliche Integrität oder Selbstbestimmung eines anderen sind nicht von der Verfassung gedeckt.[94] Der Gesetzgeber darf solche schweren Rechtsgutsangriffe ungeachtet ihrer religiösen oder kulturellen Motivation durch Strafvorschriften verbieten, wie er es im Falle der Mädchenbeschneidung (§ 226a StGB) und der Zwangsverheiratung (§ 237 StGB) getan hat.[95] Die Strafvorschriften gegen Mord und Totschlag bieten in ihrer Anwendbarkeit auf kulturell bedingte Taten, etwa Ehren- oder Blutrachemorde, ebenfalls keine Legitimationsprobleme.[96] Alle diese Leben, Leib und Freiheit schützenden Tatbestände gehören zum „relativierungsfreien Kernbereich des Strafrechts", in dem für Toleranz gegenüber kulturbedingten Handlungen und für deren Freiheit von strafrechtlicher Ahndung kein Raum ist.[97]

Wie in der Schaffung, so können auch in der Auslegung von Tatbeständen die Grenzen kultureller Toleranz Ausdruck finden. Im Rahmen des Mordtatbestandes (§ 211 StGB) heißt dies, dass das Vorliegen niedriger Beweggründe sich nicht nach der Herkunftskultur des Täters, sondern nach den Maßstäben des deutschen Rechts richtet, mit der entsprechenden Konsequenz für Ehren- und Blutrachetötungen.[98] Dies ist auch aus staats- und rechtstheoretischer Sicht die richtige Lösung.[99] Mit der

[94] Ebert 1975, 67-68.

[95] Hörnle 2014, C28.

[96] Hörnle 2014, C28.

[97] Jung 2012, 928-930. Siehe auch Dreier 2008, 23.

[98] Siehe oben A I 1. – Auch bei der Auslegung sonstiger kulturabhängig unterschiedlich auslegbarer Tatbestandsmerkmale, ebenso bei der Auslegung der Merkmale von Rechtfertigungsgründen, gelten die Maßstäbe der inländischen Rechtsgemeinschaft. Siehe Valerius 2011, zusammenfassend 382-384.

[99] Zum Folgenden Ebert 2004, 91-92; Hilgendorf 2009, 141; Hörnle

Auslegung eines Gesetzes wird die Entscheidung des Gesetzgebers konkretisiert. Dann aber ist es konsequent, dass die Auslegung sich an demselben Kontext orientiert wie die Entscheidung des demokratisch legitimierten Gesetzgebers, also an der deutschen Rechtsgemeinschaft.

In Fällen weniger gravierender Rechtsgutsverletzungen kann die Reichweite religiöser und kultureller Handlungsfreiheit fraglich sein. Bei der religiösen Knabenbeschneidung mag die Berufung auf die Religionsausübungsfreiheit (Art. 4 Abs. 2 GG) noch an der Garantie des Rechts auf körperliche Unversehrtheit (Art. 2 Abs. 2 Satz 1 GG) scheitern.[100] Nimmt man aber das elterliche Erziehungsrecht (Art. 6 Abs. 2 GG) hinzu und berücksichtigt man dabei sämtliche das Kindeswohl betreffenden Aspekte, dann fällt die Abwägung zugunsten der Zulässigkeit der Beschneidung aus.[101] Die gesetzliche Rechtfertigungsregelung des § 1631d BGB ist damit verfassungsrechtlich zulässig.

III. Strafrechtsdogmatik als systematisch-begrifflicher Rahmen

Eine weitere normative Vorgabe in Sachen interkultureller Rechtskonflikte ist strafrechtstheoretischer Art und betrifft die Rolle der Strafrechtsdogmatik.

1. *Allgemeines*

Strafrechtliche Entscheidungen über Handlungen in Kulturkonflikten sollten sich am System des Strafrechts orientieren. Die in langer Tradition gewachsene, rechtsstaatlich fundierte Dogmatik des Allgemeinen Teils hat sich als Instrument zur Gewinnung gerechter Entscheidungen bewährt und ist in der Lage,

2014, C103.

[100] Hörnle 2014, C46. Vgl. oben A I 2.

[101] Kreuzer 2013, 615-617; Wermke 2014, 70-79; Hörnle 2014, C46-C49 (mit dem Vorbehalt, dass die Frage der Erheblichkeit des körperlichen Eingriffs weiterer Klärung bedarf).

auch den Besonderheiten religiös und kulturell geprägter Taten gerecht zu werden. Die grundlegenden Begriffe des Strafrechtssystems sind Unrecht und Schuld. An ihnen sind also kulturbezogene Elemente einer Tat zu messen, auf sie sind sie zu beziehen. Nicht nach Gefühl oder Billigkeit, auch nicht anhand einer allgemeinen Kategorie der kulturellen oder religiösen Besonderheit, sondern nur nach Maßgabe ihrer Relevanz für Unrecht oder Schuld sind kulturelle Faktoren zu beurteilen.[102]

Das mit den Kategorien Unrecht und Schuld zur Verfügung stehende Ordnungsschema erlaubt mittels seiner teils generalisierenden, teils individualisierenden Maßstäbe, im interkulturellen Konflikt begangene Taten angemessen zu würdigen.[103] Das Unrechtsurteil enthält die Feststellung, dass ein Verhalten den generellen Anforderungen des Rechts nicht entspricht. Haben bestimmte Faktoren es dem Täter schwer oder unmöglich gemacht, den Anforderungen des Rechts zu entsprechen, wird dies sodann im Rahmen der Schuld thematisiert, bei der es um die Frage geht, ob dem Täter der Rechtsverstoß persönlich vorgeworfen werden kann. Ein Arsenal von Rechtfertigungs- und Entschuldigungsgründen ermöglicht es, auf kulturelle Besonderheiten einer Tat gleichermaßen rational und flexibel zu reagieren. Schließlich lassen sich auch im Rahmen der Strafzumessung kulturelle Bedingtheiten einer Tat systemkonform berücksichtigen. Wird dieses differenzierte dogmatische Instrumentarium voll ausgenutzt, dann besteht für eine weitere „Flexibilisierung“ des Strafrechts im Hinblick auf fremdkulturell geprägte Taten kein Grund.[104]

Kein Raum ist deshalb auch für einen eigenständigen Rechtfertigungs- oder Entschuldigungsgrund der „kulturellen Prägung“ („cultural defense“), wie er international diskutiert und auch in der deutschen Diskussion erwogen wird.[105] Das deut-

[102] So zu Recht Hörnle 2014, C23-C24; Norouzi 2014, 596.
[103] Hassemer 1999, 160, 162-164, 171; Jung 2012, 927-928.
[104] Hilgendorf 2009, 141.
[105] Dazu Valerius 2011, 169f; Jung 2012, 928f; Hörnle 2014, C62-C63.

sche Strafrecht kennt einen solchen Privilegierungsgrund, der dem kulturellen Hintergrund einer Tat allgemein Rechnung tragen würde, nicht, und es ist auch nicht zu empfehlen, ihn in Deutschland einzuführen.[106] Nicht nur, dass es für ihn an einem rechtlichen Anknüpfungspunkt fehlt und er das vorhandene Rechtssystem sprengen würde; er ist angesichts der erwähnten vorhandenen strafrechtsdogmatischen Möglichkeiten zudem entbehrlich.[107]

Zur erforderlichen Strafrechtssystemkonformität gehört auch, dass verfassungsrechtliche Vorschriften wie etwa die Grundrechtsgarantien der Glaubens-, Gewissens- und allgemeinen Handlungsfreiheit (Art. 4, Art. 2 Abs. 1 GG) nicht unmittelbar in strafrechtliche Entscheidungen umgesetzt werden. Sie bedürfen der Transformation in die Strafrechtssystematik, die hierfür namentlich Rechtfertigungs- und Entschuldigungsgründe bereithält.[108]

Im Einzelnen bedeutet das:

2. *Rechtfertigung*

Das geltende Strafrecht kennt einen Rechtfertigungsgrund, der auf Konflikte, wie sie etwa zwischen Glaubens- und Gewissensfreiheit auf der einen und den Rechten Dritter auf der anderen Seite entstehen können, zugeschnitten ist. Es handelt sich um den rechtfertigenden Notstand (§ 34 StGB). Aus ihm in Verbindung mit den entsprechenden verfassungsrechtlichen Garantien ergeben sich als strafrechtliche Rechtfertigungsgründe ein rechtfertigender Religionsausübungsnotstand (§ 34 StGB, Art. 4 Abs. 2 GG) und ein rechtfertigender Gewissensnotstand (§ 34 StGB, Art. 4 Abs. 1 GG).[109] Berücksichtigt man deren Anforde-

[106] Valerius 2011, 170; Hörnle 2014, C62-C63, C75-C77; Hilgendorf 2014b, 822. Ebenso 70. Deutscher Juristentag 2014, Abteilung Strafrecht, Beschluss 2a-b.

[107] Valerius 2011, 170.

[108] Hörnle 2014, C65-C67, C77-C79.

[109] Hörnle 2014, C65-C68. – Gute Gründe sprechen allerdings dafür,

rungen, insbesondere die im Rahmen sowohl der strafrechtlichen Norm (§ 34 StGB)[110] als auch der verfassungsrechtlichen Garantien[111] vorzunehmenden Abwägungen, so ergibt sich freilich, dass eine durch Religion oder Gewissen motivierte Tat, die in die Rechte Dritter oder der Allgemeinheit eingreift, nur in äußerst seltenen Fällen gerechtfertigt ist.[112]

Was den Religionsausübungsnotstand betrifft, so lassen sich durch ihn weder eine Störung des Gottesdienstes mit Hausfriedensbruch (§§ 167, 123 StGB) aus religiösen Motiven[113] noch ein Verstoß gegen ausländer- und asylrechtliche Vorschriften durch sogenanntes Kirchenasyl,[114] weder ein religiös motivierter Eingriff in die körperliche Integrität noch sonstige religiös motivierte Eingriffe in Grundrechte anderer rechtfertigen. Die Rechtfertigung religiöser Knabenbeschneidung kann, wie gesagt,[115] nicht auf die Religionsfreiheit allein, sondern auf sie nur in Verbindung mit dem elterlichen Erziehungsrecht gegründet werden. Eindeutig nicht gerechtfertigt ist demnach auch die körperliche Attacke des durch eine Mohammed-Karikatur in seinen religiösen Gefühlen verletzten Moslems.[116]

---

die Gewissensfreiheit, anders als die Religionsausübungsfreiheit, nicht als Rechtfertigungs-, sondern lediglich als Entschuldigungsgrund gelten zu lassen. Siehe Ebert 1975, 48-50, 60-74; Valerius 2011, 161-169.

110 „... bei Abwägung der widerstreitenden Interessen, namentlich ...".

111 Siehe oben II 1. Zur Gewissensfreiheit Ebert 1975, 46-47; Herzog in Maunz/Dürig 2014, Art. 4 Rn. 148-154.

112 So zutreffend Hörnle 2014, C65-C69 (zu allenfalls anzuerkennenden Fällen C67-C68). Siehe auch Valerius 2011, 163-168.

113 Oberlandesgericht Jena, NJW 2006, 1892-1894. Dazu Valerius 2011, 167; Hörnle 2014, C67-C68.

114 Hörnle 2014, C67-C68, die schon den Schutzbereich des Art. 4 GG für nicht eröffnet hält.

115 Oben II 2.

116 Auch die Voraussetzungen der Notwehr (§ 32 StGB), an die man allenfalls noch denken könnte, sind hier nicht erfüllt.

Und was den Gewissensnotstand angeht: Tötungen in fremdkulturellem Kontext, mögen sie auch aus Gewissensgründen begangen sein, sind selbstverständlich rechtswidrig.[117] Die Gewährung von Kirchenasyl und sonstige Verstöße gegen das Ausländer- und Asylrecht, wenn sie denn aus Gewissensgründen begangen werden, lassen sich nicht mit Gewissensnotstand rechtfertigen.[118]

3. *Entschuldigung*

Schuld setzt die Fähigkeit voraus, das Unrecht der Tat einzusehen und nach dieser Einsicht zu handeln; man spricht kurz von Einsichtsfähigkeit und Steuerungsfähigkeit (§§ 20, 17, 35 StGB). Neben dem in dieser Kennzeichnung hervorgehobenen empirisch-psychologischen Moment der Fähigkeit enthält der Schuldbegriff nach richtiger, wenngleich nicht allgemein anerkannter Ansicht auch ein wertendes Moment, ein Moment der normativen Zumutung. Es bedeutet, dass Schuld sich über das psychische Können hinaus auch an rechtlichen Sollensanforderungen orientiert.[119] Sowohl die Einsichts- als auch die Steuerungsfähigkeit bieten Ansatzpunkte, bei Taten mit religiösem oder kulturellem Hintergrund eine Entschuldigung oder Schuldminderung zu prüfen.

Unter dem Aspekt der Einsichtsfähigkeit kommt ein Verbotsirrtum in Betracht, der bei Unvermeidbarkeit die Schuld ausschließt (§ 17 Satz 1 StGB), bei Vermeidbarkeit fakultative Strafmilderung wegen geminderter Schuld zur Folge hat (§ 17 Satz 2 StGB). Dass abweichende kulturelle Hintergründe beim Täter einen Verbotsirrtum bewirken, ist möglich,[120] darf aber nicht vorschnell angenommen werden.[121] Die Prägung der eigenen

[117] Ebert 1975, 47.

[118] Die Frage ist umstritten. Zum Streitstand Hörnle 2014, C67.

[119] Ebert 1975, 62-63; ders. 2001, 95, 106; ders. 2010; 28-30; Hörnle 2014, C33-C35, C72-C73, C76-C79.

[120] Valerius 2011, 173.

[121] Hörnle 2014, C70-C71.

Vorstellungen durch ein anderes kulturelles Normensystem kann mit der Einsicht, dass diese Vorstellungen dem deutschen Recht widersprechen, durchaus einhergehen.[122] Ist dem Täter das rechtliche Verbot als solches bekannt, so spielt jedenfalls der Umstand, dass er es aufgrund seiner religiösen oder kulturellen Überzeugung ablehnt, keine Rolle. Es handelt sich dann nicht um einen Verbotsirrtum, sondern um Überzeugungstäterschaft, die allenfalls für die Strafzumessung Bedeutung hat.[123]

Liegt ein Verbotsirrtum vor, so kommt es für die Rechtsfolgen (§ 17 StGB) auf dessen Vermeidbarkeit an. Welche Anforderungen an einen religiös oder kulturell abweichend geprägten Täter zur Vermeidung des Verbotsirrtums zu stellen sind, wird nicht einheitlich beurteilt.[124] Das hängt unter anderem mit der erwähnten Kontroverse darüber zusammen, ob der Schuldbegriff rein empirisch-psychologisch oder auch normativ zu bestimmen ist.[125] Jedenfalls dürfte ein Verbotsirrtum desto eher vermeidbar sein, je elementarer und gewichtiger die mit der Tat angegriffenen Rechtsgüter sind.[126]

War es dem Täter aufgrund seiner religiösen oder kulturellen Prägung nicht möglich, sich normkonform zu verhalten, ist eine Entschuldigung unter dem Aspekt der Steuerungsfähigkeit zu erwägen. Einen rechtlichen Anknüpfungspunkt bietet auch hier, wie bei der Rechtfertigung, die grundgesetzlich garantierte Glaubens- und Gewissensfreiheit (Art. 4 Abs. 1, Abs. 2 GG).[127] Das Grundrecht der Gewissensfreiheit soll „schweren individu-

[122] Valerius 2011, 185-186; Hörnle 2014, C70.

[123] Ebert 1975, 74-84; ders. 2001, 94, 105.

[124] Eingehend dazu Valerius 2011, 186-192, 202f; Hörnle 2014, C71-C74.

[125] Hörnle 2014, C72-C73.

[126] Hörnle 2014, C73-C74; 70. Deutscher Juristentag, Abteilung Strafrecht, Beschluss 3b.

[127] BVerfGE 32, 98 (108); Ebert 1975, 64-67; ders. 2001, 109-110; Valerius 2011, 161; Hörnle 2014, C75, C77. – Damit ist der hier erörterte Entschuldigungsgrund ein gesetzlicher. Ein außergesetzlicher Entschuldigungsgrund wäre problematisch. Siehe Ebert 1975, 62-65; dens. 2001, 106, 109-110; Hörnle 2014, C75, C77.

ellen Entscheidungsnöten“ Rechnung tragen.[128] Religiöse bzw. kulturelle Motive unterhalb der Schwelle solcher Gewissensnot reichen für eine strafrechtliche Entschuldigung nicht aus.[129] Es fehlt insoweit schon am empirisch-psychologischen Moment des ausgeschlossenen Könnens. Doch selbst ein ernsthafter Gewissenskonflikt kann angesichts des normativen Schuldmomentes, namentlich aufgrund der erforderlichen verfassungsimmanenten Abwägung, erhebliche Verletzungen der Rechtsgüter anderer und verfassungsrechtlich geschützter Gemeinschaftswerte nicht entschuldigen.[130] Es kommt deshalb nicht nur bei Ritualmorden, Hexen-[131]oder Witwenverbrennungen, Blutrache und gravierenden Taten religiöser Fundamentalisten Entschuldigung nicht in Betracht, selbst wenn die Tat dem Täter Gewissenssache ist.[132] Sondern auch bei Mädchenbeschneidungen wird die Schuld nicht dadurch ausgeschlossen, dass der Täter sich auf den zwingenden Charakter der betreffenden Kulturnormen und daher auf Gewissensgründe beruft.[133] Die Abwägung gegen andere Verfassungswerte dürfte schließlich auch dazu führen, dass die politisch, ethisch oder religiös motivierte Gewährung von Kirchenasyl selbst im Falle, dass es sich um eine Gewissensentscheidung handelt, nicht entschuldigt ist.[134] Da hier aber immerhin achtenswerte sozialethische Motive zugrunde liegen, kann in diesem Falle nach den Grundsätzen der Überzeugungstäterschaft Schuld- und Strafmilderung zugebilligt werden.[135]

---

[128] Hörnle 2014, C77.

[129] Hörnle 2014, C75-C76, C78.

[130] Ebert 1975, 67-68; Hörnle 2014, C77-C79.

[131] Hexerei ist auch in der Gegenwart in manchen afrikanischen Kulturen und islamischen Staaten als Verbrechen bekannt und wird verfolgt. Siehe Pinker 2011, 540; Hörnle 2014, C87.

[132] Ebert 1975, 67-68; Hörnle 2014, C77-C78.

[133] Jung 2012, 930.

[134] Im Ergebnis ebenso Hörnle 2014, C78.

[135] Ebert 1975, 74-84; ders. 2001, 94.

4. *Strafzumessung*

Die Ebene der Strafzumessung bietet die meisten Möglichkeiten, der Individualität des Täters und den Besonderheiten der Tat, somit auch kulturellen Faktoren, Rechnung zu tragen.[136] Mehr als in der Praxis üblich[137] sollte auch hier der Anschluss an spezifisch strafrechtliche Kategorien gesucht werden. Als solche kommen bei der Anwendung des insoweit einschlägigen § 46 StGB wiederum Unrecht und Schuld, letztere mit ihren beiden Komponenten der Unrechtseinsichts- und der Steuerungsfähigkeit, in Betracht.

Das Verhaftetsein an eine fremde Kultur kann dazu führen, dass dem Täter die Verbotenheit seines Verhaltens nur in abgeschwächter Form oder das Unrecht seiner Tat ihm nicht in seinem ganzen Ausmaß bewusst ist (Unrechtseinsichtsfähigkeit). Die darin liegende Schuldminderung vermag eine Strafmilderung zu rechtfertigen.[138] Hat ein Konflikt zwischen der deutschen Rechtsnorm und einer gegenläufigen religiösen oder kulturellen Verhaltensnorm dem Täter die Normbefolgung erschwert (Steuerungsfähigkeit), so mindert auch dies die Schuld und kann strafmildernd berücksichtigt werden.[139] Freilich muss auch hier, wie bei der Entschuldigung, zum psychischen Faktum des Motivdrucks hinzukommen, dass aufgrund einer normativen Wertung die Privilegierung angemessen erscheint.[140]

---

[136] Jung 2012, 928.

[137] Siehe oben A I 4.

[138] Valerius 2011, 292.

[139] Valerius 2011, 294-296; Hörnle 2014, C86-C87; 70. Deutscher Juristentag 2014, Abteilung Strafrecht, Beschluss 4b.

[140] Hörnle 2014, C87-C89 mit näheren Ausführungen; 70. Deutscher Juristentag 2014, Abteilung Strafrecht, Beschluss 4b.

D. Verhältnis des deutschen Strafrechts zu den Modellen

Fragen wir abschließend, wie sich die deutsche Strafrechtsordnung (oben A) unter Berücksichtigung ihrer normativen Vorgaben (oben C) zu den drei skizzierten Modellen möglicher Strafrechtsordnungen (oben B) verhält. Da diese Modelle idealtypischen Charakter haben, ist nicht zu erwarten, dass irgendeine reale Strafrechtsordnung, einschließlich der deutschen, einem der Modelle vollkommen entspricht.

Im Wesentlichen handelt es sich bei der deutschen um eine kulturübergreifende Strafrechtsordnung. Die weitaus meisten ihrer Schutzgegenstände haben universellen Charakter.[141] Der Mehrheitsgesellschaft spezifisch eigene kulturelle Güter und Werte finden sich im Besonderen Teil des deutschen Strafgesetzbuchs lediglich in geringem Umfang.[142] Nur insoweit kann bei der deutschen von einer mehrheitskulturorientierten Strafrechtsordnung die Rede sein.

Relativ stark ausgeprägt sind im deutschen Strafrecht kulturpluralistische Züge. Da ist zum einen der Schutz kultureller Minderheiten durch Strafvorschriften gegen Volksverhetzung und Bekenntnisbeschimpfung. Da sind zum anderen die verschiedenen Rechtfertigungs-, Entschuldigungs- und Strafmilderungsmöglichkeiten bei Taten mit fremdkulturellem Hintergrund. Allerdings sind diese Möglichkeiten begrenzt. Ein allgemeines Minderheitenprivileg für den Angriff auf strafrechtlich geschützte Rechtsgüter kennt das deutsche Strafrecht nicht.

[141] Das gilt für das Strafgesetzbuch, darüber hinaus auch für das (deutsche) Völkerstrafgesetzbuch.

[142] So auch Höffe 1999, 104-105; Valerius 2011, 321. Näher oben C I.

Literatur

Dreier, Horst (2008): Religion und Verfassungsstaat im Kampf der Kulturen, in: Horst Dreier / Eric Hilgendorf (Hrsg.), Kulturelle Identität als Grund und Grenze des Rechts. Stuttgart, 11-28.

Ebert, Udo (1975): Der Überzeugungstäter in der neueren Rechtsentwicklung. Zugleich ein Versuch zu seiner Beurteilung de lege lata. Berlin.

Ebert, Udo (2001): Strafrecht Allgemeiner Teil, 3. Auflage. Heidelberg.

Ebert, Udo (2004): Der Fremde im Strafrecht, in: Jürgen Dummer / Meinolf Vielberg (Hrsg.), Der Fremde – Freund oder Feind? Überlegungen zu dem Bild des Fremden als Leitbild. Stuttgart, 73-92.

Ebert, Udo (2009): Die Strafrechtsreformgesetze 1969 bis 1974, in: Walter Pauly (Hrsg.), Wendepunkte – Beiträge zur Rechtsentwicklung der letzten 100 Jahre. Stuttgart usw., 186-198.

Ebert, Udo (2010): Die „Banalität des Bösen" – Herausforderung für das Strafrecht (Sitzungsberichte der Sächsischen Akademie der Wissenschaften zu Leipzig, Philologisch-historische Klasse, Band 140 Heft 6). Stuttgart/Leipzig.

Gabriel, Gottfried (2012): Geltung und Genese als Grundlagenproblem, in: Erwägen Wissen Ethik. Forum für Erwägungskultur 23, 475-486.

Gabriel, Karl (2008): Religion als Stütze oder Gefährdung einer freien Gesellschaft, in: Horst Dreier / Eric Hilgendorf (Hrsg.), Kulturelle Identität als Grund und Grenze des Rechts. Stuttgart, 55-68.

Gutmann, Thomas (2008): Christliche Imprägnierung des Strafgesetzbuchs? Zum Stand der Säkularisierung der Normenbegründung im liberalen Rechtsstaat, in: Horst Dreier / Eric Hilgendorf (Hrsg.), Kulturelle Identität als Grund und Grenze des Rechts. Stuttgart, 295-313.

Hassemer, Winfried (1999): Vielfalt und Wandel. Offene Horizonte eines interkulturellen Strafrechts, in: Höffe 1999, 157-180.

Heinig, Hans Michael (2013): Religion als Verfassungsvoraussetzung? 14 Thesen aus protestantischer Perspektive, in: Michael Anderheiden / Rainer Keil / Stephan Kirste / Jan Ph. Schaefer (Hrsg.), Verfassungsvoraussetzungen. Gedächtnisschrift für Winfried Brugger. Tübingen, 327-331.

Hilgendorf, Eric (2006): Religion, Recht und Staat. Zur Notwendigkeit einer Zähmung der Religionen durch das Recht, in: ders. (Hrsg.),

Wissenschaft, Religion und Recht. Hans Albert zum 85. Geburtstag am 8. Februar 2006. Berlin, 359-383.

Hilgendorf, Eric (2009): Strafrecht und Interkulturalität. Plädoyer für eine kulturelle Sensibilisierung der deutschen Strafrechtsdogmatik, in: Juristenzeitung, 139-144.

Hilgendorf, Eric (2014a): Das Eigene und das Fremde I: Die deutsche Strafgesetzgebung und Strafrechtspraxis vor den Herausforderungen kultureller Pluralisierung, in: Strafverteidiger, 555-563.

Hilgendorf, Eric (2014b): Die deutsche Strafrechtswissenschaft vor den Herausforderungen kultureller Pluralisierung, oder: Was ist „Religion"? (Das Eigene und das Fremde II), in: Juristenzeitung, 821-829.

Höffe, Otfried (1999): Gibt es ein interkulturelles Strafrecht? Ein philosophischer Versuch. Frankfurt am Main.

Hörnle, Tatjana (2008): Strafrechtliche Verbotsnormen zum Schutz von kulturellen Identitäten, in: Horst Dreier / Eric Hilgendorf (Hrsg.), Kulturelle Identität als Grund und Grenze des Rechts. Stuttgart, 315-337.

Hörnle, Tatjana (2014): Kultur, Religion, Strafrecht – Neue Herausforderungen in einer pluralistischen Gesellschaft. Gutachten C zum 70. Deutschen Juristentag. München.

Hörnle, Tatjana (2015): Bekenntnisbeschimpfung (§ 166 StGB): Aufheben oder Ausweiten?, in: Juristenzeitung, 293-297.

Jung, Heike (2012): Pluralismus und Strafrecht – ein unauflösbarer Widerspruch?, in: Juristenzeitung, 926-932.

Kersten, Joachim (1999): Gibt es ein interkulturelles Strafrecht? Kulturwissenschaftliche und kriminalsoziologische Anmerkungen, in: Höffe 1999, 141-147.

Kraatz, Erik (2015): Einige kritische Bemerkungen zum neuen § 226a StGB, in: Juristenzeitung, 246-251.

Kreuzer, Arthur (2013): Zur Beschneidungskontroverse. Recht und Religion im Konflikt?, in: Klaus Boers / Thomas Feltes / Jörg Kinzig / Lawrence W. Sherman / Franz Streng / Gerson Trüg (Hrsg.), Kriminologie – Kriminalpolitik – Strafrecht. Festschrift für Hans-Jürgen Kerner zum 70. Geburtstag. Tübingen, 605-620.

Kühl, Kristian / Heger, Martin (2014): Strafgesetzbuch. Kommentar, 28. Auflage. München.

Maunz, Theodor / Dürig, Günter (2014): Grundgesetz. Kommentar, Bearbeitungsstand Juli 2014. München.

Möllers, Christoph (2008): Pluralität der Kulturen als Herausforderung an das Verfassungsrecht?, in: Horst Dreier / Eric Hilgendorf (Hrsg.), Kulturelle Identität als Grund und Grenze des Rechts. Stuttgart, 223-244.

Nehm, Kay (2005): Blutrache – ein niedriger Beweggrund?, in: Jörg Arnold / Björn Burkhardt / Walter Gropp / Günter Heine / Hans-Georg Koch / Otto Lagodny / Walter Perron / Susanne Walther (Hrsg.), Menschengerechtes Strafrecht. Festschrift für Albin Eser zum 70. Geburtstag. München, 419-429.

Norouzi, Ali B. (2014): Kultur, Religion, Strafrecht – auch ein Thema für die Anwaltschaft. Herausforderungen für das Strafrecht in einer pluralistischen Gesellschaft, in: Anwaltsblatt, 595-597.

Pinker, Steven (2011): Gewalt. Eine neue Geschichte der Menschheit. Frankfurt am Main.

Rössner, Dieter (1999): Kriminalrecht als unverzichtbare Kontrollinstitution. Zu einer interkulturellen Theorie des Strafrechts, in: Höffe 1999, 121-139.

Roxin, Claus (2006): Strafrecht Allgemeiner Teil. Band I Grundlagen, der Aufbau der Verbrechenslehre, 4. Auflage. München.

Seelmann, Kurt (2007): Verhaltensdelikte: Kulturschutz durch Recht?, in: Heinz Müller-Dietz / Egon Müller / Karl-Ludwig Kunz / Henning Radtke / Guido Britz / Carsten Momsen / Heinz Koriath (Hrsg.), Festschrift für Heike Jung zum 65. Geburtstag am 23. April 2007. Baden-Baden, 893-904.

Valerius, Brian (2011): Kultur und Strafrecht. Die Berücksichtigung kultureller Wertvorstellungen in der deutschen Strafrechtsdogmatik. Berlin.

Volkmann, Uwe (2008): Kulturelles Selbstverständnis als Tabuzone für das Recht?, in: Horst Dreier / Eric Hilgendorf (Hrsg.), Kulturelle Identität als Grund und Grenze des Rechts. Stuttgart, 245-262.

Wermke, Michael (2014): Religiöse Identitätsbildung zwischen Fremd- und Selbstbestimmung. Ritual- und bildungstheoretische Überlegungen zur Beschneidungsdebatte, in: ders. (Hrsg.), Säkulare Selbstbestimmung versus religiöse Fremdbestimmung? Zur Kritik an der öffentlichen Debatte um das Beschneidungsritual. Leipzig, 69-81.

Günter Jerouschek

Die Knabenbeschneidung – Körperverletzung, Kulturkonflikt, Vergangenheitsbewältigung[1]

I. Beschneidungskontroversen

Die Aufregung, welche die in der hiesigen Medienlandschaft geführte Debatte um die Knabenbeschneidung kennzeichnete, ist inzwischen merklich abgeebbt. Vor wenigen Jahren sah das noch anders aus. Über Monate hinweg war das Thema sowohl in den Printmedien wie auch im Fernsehen präsent, wo fast immer in irgendeiner Talkshow darüber diskutiert wurde. Dass das Thema in die Schlagzeilen geriet, lag daran, dass das LG Köln 2012[2] die Knabenbeschneidung für rechtswidrig befunden hatte, den Beschneider allerdings freigesprochen hatte. Das Gericht hatte ihm einen unvermeidbaren Verbotsirrtum zugute gehalten, mit anderen Worten habe er nicht wissen können, mit der Beschneidung etwas Rechtswidriges zu tun, hier gegen § 223 StGB, den Tatbestand der Körperverletzung, zu verstoßen.

I.1 Männliche und weibliche Beschneidung

Vor der Knabenbeschneidung war lediglich die Mädchenbeschneidung in den Fokus der medialen Aufmerksamkeit gerückt, vor allem nachdem zwei afrikanisch-stämmige Manne-

[1] Der Vortrag basiert auf dem Beitrag Günter Jerouschek „Beschneidung – Trauma im Kulturkonflikt. Anmerkungen zu einer unerspießlichen Debatte“ zur Festschrift für Dieter Rössner zum 70. Geburtstag (im Erscheinen).

[2] LG Köln vom 7.5.2012, NJW 2012, 2128 ff.

quins, Iman und deren Cousine, Waris Dirie, über ihre Beschneidungserfahrungen berichtet hatten. Das Beschneidungsritual war qualvoll und zeichnete die Frauen für ihr ganzes Leben. Insbesondere Diries Bestseller *Wüstenblume* (Dirie 2007) rüttelte die westliche Welt auf. Auch im islamischen Kulturkreis stößt die Mädchenbeschneidung ganz überwiegend auf Ablehnung, dort wo sie geübt wird, wird sie allerdings religiös begründet. Dass aber nicht nur religiöse Motive für die weibliche Beschneidung ausschlaggebend sein können, zeigt sich daran, dass sie auch unter den koptischen Christen Ägyptens verbreitet ist, das Christentum aber keine Anknüpfungspunkte für ihre religiöse Legitimierung bietet. Die Beschneidung erfolgt hier aus sozialen Gründen, denn unbeschnittene Töchter sind auf dem Heiratsmarkt kaum zu vermitteln.[3]

Im Vergleich zur praktisch einhelligen Ächtung der weiblichen Beschneidung im abendländischen Kulturkreis sind die Einstellungen zur männlichen Beschneidung bei weitem vielschichtiger: In der islamischen und jüdischen Orthodoxie ist sie anerkannt, im Islam wird sie bevorzugt als Jünglingsbeschneidung gepflogen, im Judentum als Säuglingsbeschneidung am 8. Tag nach der Geburt. Darüber ist aber nicht zu verkennen, dass es, vor allem im Judentum, auch innerreligiöse Bewegungen gibt, die sich vehement gegen die Beschneidung aussprechen. Zu nennen wären hier etwa die „Jews Against Circumcision" (JAC), für die die Knabenbeschneidung ein barbarisch-primitiver, quälender und verstümmelnder Brauch ist. Die Juden seien eines der gescheitesten Völker der Welt und stellten bei einem Bevölkerungsanteil von 0,3% 33% aller Nobelpreisträger. Sie sollten daher klug genug sein zu verstehen, dass die Verstümmelung des Penis' eines kleinen Buben in modernen Zeiten keine hinnehmbare Praktik sei.[4] Ganz unangefochten ist die Säuglingsbeschneidung nicht einmal in Israel selbst. Zwar schwanken die Schätzungen, aber eine quantité neglegiable ist

[3] Vgl. etwa Le Monde 23.12.2005, 17.

[4] Siehe den Nachweis bei Jerouschek 2012, 171-181, 174 mit Fn. 20.

der Anteil der sich einer Beschneidung verweigernden Eltern auch nicht, und noch höher ist der Anteil derer, die angaben, sich bei der Frage, ihren Sohn beschneiden zu lassen, familiärem oder gesellschaftlichem Druck gebeugt zu haben. Dieses Faktum wurde von Tatjana Hörnle und Stefan Huster sogar dafür reklamiert, dass Vorwürfe antisemitischer Ressentiments haltlos seien.[5]

I.2 Säkulare Beschneidung

Neben der religiös motivierten Beschneidung gibt es freilich auch die völlig säkular geübte Beschneidung, die ihr medizinische Gründe zugute hält. Verbreitet ist sie vor allem in den USA, wo noch über 50 % der männlichen Bevölkerung am dritten Tag nach der Geburt beschnitten werden. Die Beschneidungsrate ist allerdings rückläufig, seitdem Krankenversicherungen die medizinischen Indikationen in Zweifel ziehen und die Beschneidung aus ihrem Leistungskatalog streichen. In der Tat gibt es keine belastbaren Erkenntnisse dafür, dass die Beschneidung medizinisch irgendwie von Vorteil wäre, und sämtliche Indikationen, die hierfür in Anspruch genommen wurden, haben einer kritischen Überprüfung nicht standgehalten. Derzeit gibt es Hinweise darauf, dass die Beschneidung in einigen Regionen Afrikas das Aids-Ansteckungsrisiko mindere. Ich möchte nicht ausschließen, dass man hier einer Scheinkausalität aufsitzt, denn schon viele medizinische Indikationen, etwa Masturbation, Gebärmutterhalskrebsprophylaxe oder Peniskrebsprävention, hatten Konjunktur, ohne dass diese sich in Kontrolluntersuchungen bestätigen ließen. Ich habe meinen Eindruck einmal dahingehend zugespitzt, dass die „Erfolgsgeschichte" der Beschneidung in den USA einigermaßen skurril anmutet.[6] Bei der HIV-Prophylaxe in Afrika kann es im übrigen dahingestellt bleiben, ob dort eine solche Indikation besteht, denn hierzulande

[5] Hörnle/Huster 2013, 337 mit Fn. 97.

[6] Jerouschek 2008, 314.

ist der Nachweis für eine Minderung des Ansteckungsrisikos nicht zu führen und kann folglich für eine medizinische Indikation auch nicht herhalten.

I.3 Unterbliebene Beschneidungen

Als ich vor einiger Zeit, als die Knabenbeschneidung nach dem Urteil des LG Köln in den Medien omnipräsent war, beim TV-Zappen in eine Talkshow geriet, führte dort Dr. Dieter Graumann, der seinerzeitige Präsident des Zentralrates der Juden, zum Nachweis, dass die Knabenbeschneidung keine nachteiligen Auswirkungen zeitige, u.a. Albert Einstein und Sigmund Freud an, die doch auch beschnitten gewesen seien, ohne dass ihnen dies geschadet habe. Sicher, beide waren epochale Denker, ob die Beschneidung ihnen aber doch zugesetzt haben mochte, wissen wir nicht.

Zumindest im Fall von Sigmund Freud wäre aber mehr Vorsicht am Platz gewesen, denn nach unserem heutigen Wissensstand war er zwar selber beschnitten, hatte jedoch seine Söhne nicht beschneiden lassen. Bei ihnen fehlen nämlich die sonst regelmäßig vorfindlichen Registrierungen der erfolgten Beschneidungen in den im Judentum geführten Beschneidungsregistern.[7] Freud selbst hat sich zu den unterlassenen Beschneidungen nicht geäußert. Rückschlüsse lassen freilich seine theoretischen Erwägungen zur Beschneidung an sich zu: Für ihn vertrat die Knabenbeschneidung die ursprünglichere Kastration, und er sah in ihr, als den Unbeschnittenen unheimlich, eine Wurzel des Antisemitismus. Bei der Beschneidung stand für Freud die aggressiv-traumatisierende Komponente eindeutig im Vordergrund, und in seiner analytischen Frühzeit hatten frühe Traumatisierungen sogar kardinale Bedeutung für die Entwicklung späterer neurotischer Erkrankungen. Von daher liegt es nahe, dass Freud davon ausging, dass die Beschneidung weder ihm gutgetan hatte noch seinen Söhnen guttun würde. Eine

[7] Maciejewski 2002, 37 mit Fn. 13.

solche lebensgeschichtliche Erfahrung wollte er ihnen ersparen. Die Vermutung, er habe sich durch den Verzicht auf die Beschneidung bei seiner nicht beschnittenen christlichen Umwelt anbiedern wollen, halte ich für abgeschmackt, und das umso mehr, als das Faktum der unterbliebenen Beschneidungen erst seit einigen Jahren bekannt ist. Freud also als Kronzeugen für die Harmlosigkeit der Beschneidung ins Feld zu führen, hat wenig für sich, und den Talkshowdiskutanten ist wahrscheinlich zugute zu halten, von Freuds Vorbehalten der Beschneidung gegenüber schlicht nichts gewusst zu haben.

I.4 Tabu und neues Recht

Freilich können wir als Deutsche nach dem Holocaust keinen unbefangenen Umgang mit den Juden mehr pflegen, auch nicht mit dem Staat Israel. Die Trennung zwischen beiden ist zu künstlich, als dass eine solche Differenzierung praktikabel wäre. Reinhard Merkel hat durchaus recht mit seinem Statement, die deutsche Politik habe „ganz gewiss eine weltweit singuläre Pflicht zur besonderen Sensibilität gegenüber allen jüdischen Belangen."[8] „Inversion", infame Verkehrung, nannte es der verstorbene Frank Schirrmacher, „wenn im Jahre 2012 eine Jahrtausende alte Praxis wie die Beschneidung von deutschen Gerichten als „Körperverletzung verurteilt wird und in Deutschland eine Debatte darüber beginnt, die ‚Judentum' und ‚Körperverletzung' in einen juristisch-semantischen Zusammenhang bringt, der einen sprachlos macht, in dem jüdische Eltern angeblich ihre Söhne verletzen, wo es einem doch erst einmal gereicht hätte, wenn die Justiz, die sich jetzt für Jahrtausende zuständig fühlt, damals sich nur für zwölf Jahre zuständig gefühlt hätte, als Deutsche und ihre Helfer nicht nur Körperverletzung an Juden betrieben, sondern Mord und Totschlag."[9] Hier wird also ei-

[8] Merkel 2012, 12.
[9] Schirrmacher 2012, 31.

nem Tabu das Wort geredet, und vielleicht liegt Schirrmacher damit nicht einmal falsch.

Man musste also darauf gefasst sein, antisemitischer Ressentiments verdächtigt zu werden, wenn man sich nach dem damals geltenden Recht für die Rechtswidrigkeit bzw. Strafbarkeit der Knabenbeschneidung aussprach. Die Bundeskanzlerin wusste ja gleich, dass wir uns lächerlich machten, wenn in Deutschland die Knabenbeschneidung verboten wäre. Der damalige Außenminister beschwichtigte nach dem Urteil flugs jüdische Organisationen in den USA, man werde unverzüglich für eine die Beschneidung freigebende Rechtssicherheit sorgen. Alsbald kursierten „Eckpunkte" des Justizministeriums, gefolgt von einem Gesetzesentwurf und einer vom Bundestag als Gesetzgeber beschlossenen Gesetzesnovellierung, die als § 1631d durch Gesetz vom 20.12.2012 dem BGB eingefügt wurde. Der Paragraph hat folgenden Wortlaut:

> „Beschneidung des männlichen Kindes.
>
> Abs. 1. Die Personensorge umfasst auch das Recht, in eine medizinisch nicht erforderliche Beschneidung des nicht einsichts- und urteilsfähigen männlichen Kindes einzuwilligen, wenn diese nach den Regeln der ärztlichen Kunst durchgeführt werden soll. Dies gilt nicht, wenn durch die Beschneidung auch unter Berücksichtigung ihres Zweckes das Kindeswohl gefährdet wird.
>
> Abs. 2. In den ersten 6 Monaten nach der Geburt des Kindes dürfen auch von einer Religionsgesellschaft dazu vorgesehene Personen Beschneidungen gem. Abs. 1 durchführen, wenn sie dafür besonders ausgebildet sind und, ohne Arzt zu sein, für die Durchführung der Beschneidung vergleichbar befähigt sind."

Hier fällt zunächst auf, dass die Regelung scheinbar völlig säkular gefasst ist und die Knabenbeschneidung ohne Rücksicht auf eine religiöse Motivierung gestattet. Erreicht wird dies über Erweiterung der Wirksamkeit einer sogenannten stellvertretenden Einwilligung, die hier auch die Körperverletzung an einem nicht einsichts- und urteilsfähigen Knaben erfasst, wo sonst die Einwilligung gem. § 228 StGB auf die von der Körperverletzung unmittelbar betroffene Person zugeschnitten ist. Diese grundsätzliche Herauslösung der Knabenbeschneidung aus dem religiösen Kontext war freilich beabsichtigt, denn man wollte sich erst gar nicht auf den Inhalt religiöser Überzeugungen einlassen. Das ist neu, denn bislang war man im rechtswissenschaftlichen Diskurs fast einhellig davon ausgegangen, dass sich die Knabenbeschneidung allenfalls im Zusammenspiel von elterlichem Erziehungsrecht gem. Art. 6 GG und der Religionsfreiheit gem. Art. 4 GG gegenüber den Integritätsrechten des Kindes gem. Art. 2 i.V.m. Art. 1 GG rechtfertigen lasse. Bemerkenswert ist des weiteren, dass es auf eine medizinische Indikation der Knabenbeschneidung nicht ankommen soll.

Dass bei Vorliegen einer medizinischen Indikation die Einwilligung der Erziehungsberechtigten in den körperverletzenden Eingriff die Vorhautbeschneidung rechtfertigen sollte, war nie streitig, die Freigabe ohne Vorliegen einer Indikation ist jedoch bei uns ein Novum. Damit wird ein medizinisch nicht angezeigter Eingriff in die körperliche Integrität des Kindes gestattet, und man fragt sich, wie dieses angehen könne. Dass es unausgesprochen doch um die Freigabe der religiös motivierten Beschneidung ging, zeigt die wiederum unausgesprochene Privilegierung der jüdischen Mohels, die im Judentum seit alters als religiöse Spezialisten die Beschneidung durchführen. Für die Muslime bedeutet dies, dass die auf die Beschneidung spezialisierten Männer nur in den ersten sechs Monaten tätig werden dürfen, nicht aber bei der im Islam bevorzugten Jünglingsbeschneidung.

II. Wider die Kinderschützer

Ob das gesetzgeberische Kalkül, die Beschneidung, versehen mit der medizinischen Kautel der Beachtung der lex artis, grundsätzlich freizugeben, religiöse Spezialisten aber im ersten halben Jahr zu privilegieren, aufgeht, scheint mir höchst zweifelhaft. Sicher, wenn grundsätzlich alle ihre Knaben ohne Rücksicht auf eine medizinische Indikation beschneiden dürften, dann spielt es keine Rolle, ob hinter der Beschneidung eine religiöse Motivation steht. Wenn dagegen, wovon ich ausgehe, ein derartiger Eingriff in die körperliche Integrität des Kindes aus verfassungsrechtlichen Gründen nicht statthaft ist, bedarf es zusätzlich doch einer weiteren verfassungsrechtlichen Stütze, nämlich der Religionsfreiheit, um einen solchen Eingriff zu legitimieren. Ohne die Religionsfreiheit geht es also nicht, nur ob diese und das elterliche Erziehungsrecht die Knabenbeschneidung zu legitimieren vermöchten oder ob die körperlichen Integritätsrechte des Kindes den Vorrang genössen, ist damit noch nicht gesagt. Dass es die „Kinderschützer" waren, die mit der nunmehr in Kraft befindlichen gesetzlichen Regelung ausgebremst werden sollten, wurde von der bei der Gesetzesredaktion federführenden Staatssekretärin im Justizministerium auch unumwunden eingeräumt, und ebenso, dass der Begriff „Kinderschützer" im Jargon des Justizministeriums einen durchaus abschätzigen Beiklang hatte.[10] Sie hielt sich einiges darauf zugute, dass an der Beschneidungsfront Ruhe eingekehrt sei, was die öffentliche Debatte anlangte.

Was mich doch stark irritiert hat, war die Hast, mit der die Gesetzesnovellierung durchgezogen wurde. Das Ergebnis stand von vornherein fest, wo doch die Materie eines reiflichen Überlegens, Erwägens und Nachdenkens bedurft hätte. Es stand und steht einfach zu viel auf dem Spiel, und bei allem Verständnis dafür, dass der Gesetzgeber dem verminten Gelände, was den Religionen von Rechts wegen erlaubt sein soll, und wo der Staat sein Recht einfordert, aus dem Wege zu gehen trachtete, hat sich diese Frage keineswegs erledigt. Das letzte Wort scheint mir mit der gesetzlichen Regelung noch nicht gesprochen, und nicht von ungefähr hatte die seinerzeitige Justizministerin zu bedenken gegeben, dass eine verfassungsgerichtliche Überprü-

[10] Referat auf der Jahrestagung der Deutschen Psychoanalytischen Vereinigung am 23.11.2013 in Bad Homburg.

fung abzusehen sei. Machte man sich wirklich lächerlich, wie es die Bundeskanzlerin gemeint hatte, wenn man nach der damaligen lex lata für die Strafbarkeit der Beschneidung eintrat? Ich war ja beileibe nicht der einzige, der dies damals tat, und wenn ich das recht sehe, ist diese Ansicht in der Strafrechtswissenschaft sogar zur herrschenden Meinung avanciert. Man tut dies ja mit guten Gründen, und auch das Urteil des LG Köln, das sich für die Rechtswidrigkeit der Beschneidung aussprach, kann ich, anders als Beulke und Dießner, nicht „ärgerlich"[11] finden. Es ist, wie ich meine vertretbar, zu einem Freispruch gelangt. Hätte es verurteilen sollen, nur um dem Angeklagten den Instanzenzug zu eröffnen? Dass die Staatsanwaltschaft mit dem Freispruch leben konnte und das Urteil nicht gescholten hat, kann man ihr m.E. nicht verdenken.

III. Antisemitisches Ressentiment?

Gegen den Vorwurf antisemitischer Ressentiments kann man sich schlecht zur Wehr setzen, und ihn zu entkräften reicht es auch nicht hin, darauf zu verweisen, dass es auch innerjüdische Vorbehalte der Beschneidung gegenüber gibt. Und wenn gegenüber einer öffentlichen Positionierung in der Beschneidungsfrage zu bedenken gegeben wurde und wird, man rühre nolens volens an jüdische Belange, so erinnert das an das von Schirrmacher angemahnte Tabu. Bis 2008 war die Knabenbeschneidung an sich weder in der Rechtswissenschaft noch in der Judikatur ein Thema, wenigstens kein großes. Die literarischen Stellungnahmen lassen sich an einer Hand abzählen, die Beschneidung war randständig und wurde allenfalls gestreift. Einmal wurde sie für rechtmäßig erklärt, jedenfalls für geringfügig und sozialadäquat, dann blieb offen, ob sie nicht von der Religionsausübungsfreiheit gedeckt sei. Eine vertiefte Auseinandersetzung sucht man vergebens.[12]

[11] Beulke/Dießner 2012, 345.

[12] Nachweise bei Jerouschek 2012, 172.

Das änderte sich erst, als im Jahr 2008 Beiträge von Holm Putzke in der Festschrift für seinen Lehrer Rolf Dietrich Herzberg[13] und von mir in der Neuen Zeitschrift für Strafrecht (NStZ) erschienen.[14] Mit meinem Beitrag hatte es übrigens die merkwürdige Bewandtnis, dass er noch im Jahr 2007 von einer Zeitschrift als zu abseitig abgelehnt worden war, die dann aber 2008 eine Replik auf meinen Beitrag in der NStZ veröffentlichte.[15] Die wenigen Urteile in der Judikatur betrafen entweder missglückte Beschneidungen mit nachteiligen gesundheitlichen Folgen und bzw. oder Einwilligungsmängel. Erwägungen zur Beschneidung an sich finden sich nur als obiter dicta. Wahrscheinlich wäre die Knabenbeschneidung auch ein Thema im wissenschaftlichen Elfenbeinturm geblieben, wenn nicht, wie eingangs erwähnt, 2012 das LG Köln die Beschneidung an sich für rechtswidrig erklärt hätte. Damit war die Beschneidung in den Niederungen der Rechtsprechung angekommen, geriet schnell zu einem gesellschaftspolitischen Thema ersten Ranges und rief auch sogleich die Gesetzgebung auf den Plan. Das Ergebnis habe ich oben bereits angeführt.

III.1 Argumente

Wie schnell man dabei war, Vertreter aus Wissenschaft, Gesellschaft und Politik, die dem Integritätsrecht des unmündigen Knaben den Vorrang vor den religiösen Anliegen der Eltern einräumen wollten, antisemitischer Neigungen zu verdächtigten, hat mich doch irritiert und auch getroffen. Mir war das zu voreilig, zumal die wenigen Sachargumente kaum dazu angetan waren, die argumenta ad personam zu untermauern. Warum sollte es etwa von Voreingenommenheit und mangelnder wissenschaftlicher Distanz zeugen, wenn ich den jüdischen Beschneidungsbrauch am 8. Tag nach der Geburt als „eigensinnig" be-

[13] Putzke 2008.
[14] Jerouschek 2008, 314.
[15] Schwarz 2008.

zeichne?[16] Einer verbreiteten Meinung zufolge – die Juristen würden wohl von herrschender Meinung sprechen – hatten die Israeliten die Knabenbeschneidung aus Ägypten entlehnt, wo sie als initiationsrituelle Jünglingsbeschneidung, vor allem wohl in der Priesterkaste, gepflogen wurde. Die Vorverlegung des Beschneidungstermins ist aber spezifisch jüdisch und somit eine durchaus eigensinnige Entlehnung. Wo hier eine Voreingenommenheit auszumachen wäre, bleibt mir unerfindlich. Vergleichbares gilt für den von mir gebrauchten Terminus „Lobby", die sich in den USA für die Beibehaltung der Beschneidung am 3. Tag nach der Geburt als Standardmaßnahme und Regelleistung der Krankenversicherungen einsetzt.[17] Der Begriff „Lobby" findet sich im übrigen auch in der beschneidungskritischen US-amerikanischen Literatur[18], und es wäre wohl auch weltfremd, bei einem mehrere hunderte von Millionen Dollar schweren Markt das Vorhandensein von Gruppierungen zu negieren, die diesen Markt zu verteidigen suchen. Auch der Vergleich mit einer Brandmarkung[19] ist nur auf den ersten Blick etwas weit hergeholt, denn durch die Beschneidung sollten die Juden von den Unbeschnittenen, den Unreinen, geschieden werden. Unbeschnittenheit und Unreinheit wurden manchmal sogar als Synonyme verwandt, und so scheint es mir nicht unangemessen zu sein, die körperliche Gravur der Beschneidung mit der der Brandmarkung zu vergleichen, da beide als Distinktionsmerkmale fungierten. Vom Ohrlochstechen bei Sklaven abgesehen, war die Beschneidung übrigens die einzige Durchbrechung der sonst gewahrten körperlichen Integrität im Judentum.[20] Sogar das sogenannte „ius talionis", das bei Tötungen und Körperverletzungen dem Täter die gleichen Verletzungen oder auch den

[16] Jerouschek 2008, 313.

[17] A.a.O., 315.

[18] Toubia 1991, 6. Es handelt sich also um keine deutsche Sicht, so aber Hörnle/Huster 2013, 337.

[19] Jerouschek 2008, 319. Hierzu auch Jerouschek 2012, 175.

[20] Jacob 1929, 58.

Tod androhte, die er seinem Opfer zugemutet hatte, wurde früh zugunsten der Büßung der Missetat in Geld aufgegeben.

Neben mehr oder weniger sachhaltigen Kritikpunkten gab es auch, wie erwähnt, argumenta ad personam, etwa gefühlskalt, Ekel und Abscheu, verächtlicher Ton und Abneigung, ewige Ressentiments, Projektion der – nota bene eigenen – traumatischen Geschichte, aufgrund derer sich eine Auseinandersetzung schon per se verbietet.[21] Auf scheinbar sachliche Belege, die solche Diagnosen stützen sollen, möchte ich nur kurz und beispielhaft eingehen: Eine Übertragung von 1 Mos. 4, 24-26 ist keineswegs meiner Phantasie entsprungen, sondern Maciejewski entlehnt, wie dies auch in der Fußnote ausgewiesen ist.[22] Die Begriffe Sippe und Sippschaft für eine blutsverwandtschaftlich verbundene Gruppe sind im historiographischen Sprachgebrauch seit langem und lange vor der NS-Zeit gängig, sie sind völlig wertneutral und haben keinen verächtlichen Beiklang und erinnern, anders als insinuiert, auch nicht an die Sprache der Nationalsozialisten. Dass ich für die Bewohner der Stadt, über die Hemor herrschte, nicht den Begriff Sippe verwendet habe, liegt allein darin begründet, dass in einer Stadt unterschiedliche Familien, die nicht blutsverwandtschaftlich verbunden sind, gelebt haben dürften, die deshalb Untertanen, aber keine Sippschaft waren. Diese Geschichte von Jakob und seinen Söhnen habe ich im Übrigen an anderer Stelle etwas ausgreifender dargestellt.[23] Ärgerlich sind dabei nicht allein die haltlosen Unterstellungen, sondern mehr noch, dass diese auch in einer Rezension unhinterfragt übernommen werden und mir das Verdikt einer „entstellenden Bibel-Lektüre"[24] eintragen. Und was die tatbestandliche Ausdifferenzierung der Körperverletzung in § 223 StGB mit einer „Verharmlosung schwarzer Pädagogik auf

---

[21] Blumenberg 2013, passim.

[22] A.a.O., S. 98. Jerouschek 2008, 313. Hierzu Maciejewski 2002, 223 mit Fn. 53.

[23] Jerouschek 2009, 242 ff.

[24] Eickhoff 2014, 386.

Kosten einer Pathologisierung der jüdischen Tradition“[25] zu tun haben könnte, bleibt schlechterdings unerfindlich.

Die Kritik an dem von mir gebrauchten Ausdruck „Stigmatisierung“[26] für die Beschneidung ist demgegenüber nicht von der Hand zu weisen. Ich hatte den Ausdruck wertfrei gemeint, und in diesem Sinne wird er ja auch vor allem im sozialwissenschaftlichen Jargon gebraucht. Offenbar kann er aber zu Missverständnissen Anlass geben, und es wurde auch an ihm Anstoß genommen. Allerdings findet er auch in der nichtbeschneidungskritischen Literatur Verwendung[27], wo er offensichtlich nicht diskriminierend gemeint sein kann.

III.2 Anmerkungen zur Geschichte der Beschneidung

Es wird uns nicht erspart bleiben, den Motiven zur Gesetzesnovellierung zum Trotz, uns mit markanten Berichten zur Beschneidung im Alten Testament auseinanderzusetzen. Vielleicht lassen sich ja Anhaltspunkte dafür finden, dass das jüdische Beschneidungsgebot gar nicht so unverrückbar dasteht, wie es gerne behauptet wird. So ist die Beschneidung nach dem Auszug aus Ägypten, von wo sie wahrscheinlich entlehnt worden war, vergessen worden und außer Gebrauch geraten, und nach mehr als einer Generation beschneidungsloser Zeit musste an die Tradition wieder angeknüpft werden.[28] Auch der Beschneidungsritus selbst war einer bedeutsamen Modifikation unterworfen.[29] Als nämlich im Hellenismus beschnittene Penisse, etwa im Gymnasion, für unansehnlich galten, war immer mehr Juden darum zu tun, den „Makel der Beschneidung“ zu kaschieren. Die für diesen Zweck bevorzugte Methode war der „epispasmos“, ein chirurgischer Eingriff, mit dem die Reste der Vorhaut gedehnt wurden und die Beschneidung quasi rück-

[25] Blumenberg 2013, 105.

[26] Hörnle/Huster 2013, 335.

[27] Vgl. etwa Brumlik 2013, 44.

[28] Wolffsohn 2012.

[29] Hierzu bereits Jerouschek 2008, 313 f.

gängig gemacht wurde. Das war nur deshalb praktikabel, weil die bis dahin gepflogene Praxis der Beschneidung, die Milah, nicht die gesamte Vorhaut umfasste. Um die Vorhautreparatur zu verunmöglichen, verschärften die Rabbis den Beschneidungsmodus zur bis heute gepflogenen Periah, bei der die Vorhaut vollständig zu beschneiden war. Soweit ersichtlich, ist zu keinem Zeitpunkt danach erwogen worden, zur ursprünglichen Praxis der Milah, die ja auch wenigstens ein Jahrtausend lang geübt worden war, zurückzukehren, nachdem der Grund für die Verschärfung entfallen war. Modifikationen gab es also in der Geschichte der jüdischen Beschneidung durchaus, und auch die Taufe, die dann im Christentum die Beschneidung vertreten sollte, war ja ursprünglich offenbar ein jüdischer Brauch, wie man aus der Taufe Christi durch Johannes den Täufer ersieht.[30] Um nicht missverstanden zu werden: Die jüdische Orthodoxie stellt solche Überlegungen nicht an, und man hört sogar von innerjüdischen Glaubensrichtungen, für die der Schmerz zu den essentialia des Beschneidungsrituals gehört, weshalb die Anästhesie Vorbehalten begegnet. Mir scheint es deshalb gar nicht ausgemacht, was es heißt, wenn die „Eckpunkte" für die Vermeidung unnötigen Schmerzes eintreten.

IV. Abwägungen und Unwägbarkeiten

Dass man unter religiöser Perspektive den Eltern die Definitionsmacht über den säkular versehrten Körper einräumt, etwa dahingehend, dass der beschnittene Körper der religiös unversehrte wäre, geht mir zu weit. Freilich nimmt das neue Recht diese Perspektive auch gar nicht ein, wenn es die Beschneidung ohne Rücksicht auf religiöse Motive freigibt. Nur sehe ich, wie oben bereits angemerkt, nicht, wie das verfassungsrechtlich ohne medizinische Indikation angehen sollte. Die immer wieder

[30] Wolffsohn 2012.

für die Beschneidung an sich reklamierten medizinischen Vorteile[31] gibt es bei uns nun einmal nicht und es bedarf des Rückgriffs auf die Religionsfreiheit, um eine Beschneidung zu legitimieren.

Der Rückgriff liefe dann allerdings leer, wenn Reinhard Merkels Votum, die Religionsfreiheit gestatte schon kategorial keinen Eingriff in den Körper eines anderen, „und wäre der Eingriff noch so bagatellhaft"[32], verschlüge. Damit müsste man nämlich die Gründe für die Zulassung der Beschneidung andernorts, nicht aber im Erziehungsrecht oder in der Religionsfreiheit, suchen. Ich bin mir aber nicht so sicher, ob es nicht minder invasive Eingriffe gibt, die vom Erziehungsrecht im Verein mit der Religionsfreiheit gedeckt sein könnten. Was die Beschneidung anlangt, ist Reinhard Merkel freilich beizupflichten, denn hier wäre die Invasionsintensität sicher überschritten.

Problematisch ist der von Bernhard Schlink[33] zur Privilegierung des Judentums eingeschlagene Weg, die Beschneidung des unmündigen Kindes dann zu erlauben, wenn dies die Religion zwingend vorschreibe. Im Judentum sei das der Fall, im Islam nicht. Was aber, wenn sich auch im Islam Glaubensrichtungen finden, die der religiösen Überzeugung sind, die Beschneidung sei einmal religiös geboten und dann in der Kindheit vorzunehmen? Denn das Bundesverfassungsgericht verlangt ja für die Zubilligung der Religionsfreiheit keine Orthodoxie oder auch Mehrheitsüberzeugung, sondern lässt die religiöse Überzeugung einer Teilgruppe genügen.[34] Hier ist, was den Juden recht ist, den Muslimen billig.

Im Übrigen tun sich hier auch Weiterungen mit Blick auf die weibliche Beschneidung auf, in deren Ächtung man sich religionsübergreifend, also im Islam, Juden- und Christentum, weitestgehend einig ist. Bekanntlich wird in den islamischen Ge-

[31] Etwa bei Fateh-Moghadam 2010, 133.

[32] Merkel 2012, 12.

[33] Schlink nach Darnstädt 2012.

[34] BVerfGE 104, 337, 355.

bieten, in denen die weibliche Beschneidung geübt wird, diese auch religiös begründet. Wenn nun eine solche Teilgruppe die weibliche Beschneidung für religiös geboten hält und der Eingriff an Intensität die Knabenbeschneidung nicht übertrifft – auch bei der weiblichen Beschneidung gibt es unterschiedliche Grade an Eingriffsintensität –, kann man sie dann einfach verbieten und sogar unter erhöhte Strafandrohung stellen (§ 226a StGB)? Ich habe da so meine Bedenken.

Der Fall ist so akademisch nicht, wie es den Anschein haben mag. In den Regionen des islamischen Kulturkreises, in denen die Mädchenbeschneidung – ausnahmsweise – geübt wird, wird auch diese religiös begründet. Man stützt sich dabei auf apokryphe Quellen aus dem Leben Mohammeds, denen zufolge der Prophet die weibliche Beschneidung mit der Begründung befürwortet hatte, Männer hätten größeren Gefallen an beschnittenen Frauen.[35] Mir erscheint es auch hier, wie bei den Kopten, angeratener, gegen die Diskriminierung vorzugehen, als die Diskriminierung zum Anlass zu nehmen, die Beschneidung gutzuheißen.

Wie bereits eingangs angemerkt, glaube ich nicht, dass man, trotz der grundsätzlichen Freigabe der Knabenbeschneidung durch den bundesdeutschen Gesetzgeber, um die Frage herumkommt, wem man bei der Abwägung der Interessensphären den Vorrang einräumen möchte: den elterlichen Belangen, das ist dem Erziehungsrecht im Verein mit Religion und Religionsausübungsfreiheit, oder dem kindlichen Recht auf körperliche Unversehrtheit, vielleicht sogar seiner Menschenwürde. Einen Königsweg des schonendsten Ausgleichs, der praktischen Konkordanz, sehe ich hier nicht.

Ob man für die Positionierung der elterlichen Belange die stellvertretende Einwilligung bemüht oder die fiduziarische Wahrnehmung der kindlichen Religionsfreiheit durch die Eltern, scheint mir nachrangig zu sein. Die fiduziarische Wahr-

---

[35] Abu-Sahlieh 1994, 11.

nehmung[36] scheint mir dabei nicht recht passen zu wollen, denn wenn man den Knabenkörper, an dem Initiierung in die Religion ja durch körperliche Gravur vollzogen wird, zum Treugut zählt, kann dieses ja später gar nicht mehr unversehrt zurückgegeben werden, auch wenn der Initiant dies später so wollte. Gleichviel: Es geht im Grunde genommen darum, mit wem wir uns mehr identifiziert sehen: Mit den religiösen Belangen der Eltern oder mit der körperlichen Integrität des Kindes. Im Übrigen fände ich es schlimm, wenn jüdisches Leben nur da gedeihen könnte, wo auch die Säuglingsbeschneidung gedeiht.

Um nicht missverstanden zu werden: Für beide Positionen, die man in der Frage der Knabenbeschneidung einnehmen kann, gibt es gute Gründe. Man sollte sie auch beiden Positionen zugute halten. Einiges für sich hat die These Isensees, ein Kulturkampf sollte um jeden Preis vermieden werden.[37] Ob der Gesetzgeber aber gut beraten war, seine Entscheidung übers Knie zu brechen, ein Urteil darüber wird erst künftig, wenn man so will von der Rechtsgeschichte, gefällt werden.

Literatur

Abu-Sahlieh, Sami A. Aldeeb (1994): To Mutilate in the Name of Jehova or Allah, Amsterdam.

Beulke, Werner / Dießner, Annika (2012): (...) ein kleiner Schnitt für einen Menschen, aber ein großes Thema für die Menschheit, Zeitschrift für Internationale Strafrechtsdogmatik 7/2012, 338-346.

Blumenberg, Yigal (2013): Von Trauma und Tradition, in: Blumenberg, Yigal / Hegener, Wolfgang (Hg.): Die „unheimliche" Beschneidung, Frankfurt, 95-133, passim.

Brumlik, Micha (2013): Die Beschneidungsdebatte: Grenz- und Bewährungsfall einer advokatorischen Ethik, in: Blumenberg, Yigal / Hegener, Wolfgang (Hg.): Die „unheimliche" Beschneidung, 31-50.

BVerfGE 104, 337, 355.

[36] Beulke/Dießner 2012, 345.

[37] Isensee 2013, 327.

Darnstädt, Thomas (2012): Beschneidungsdebatte: Ein großer Schnitt für den Rechtsstaat, Spiegel online vom 24. Juli.

Dirie, Waris (2007): Wüstenblume, München.

Eickhoff, Friedrich-Wilhelm (2014): Psyche 4, 381-390.

Fateh-Moghadam, Bejan (2010): Religiöse Rechtfertigung?, Rechtswissenschaft, 115-142.

Hörnle, Tatjana / Huster, Stefan (2013): Wie weit reicht das Erziehungsrecht der Eltern, Juristenzeitung, 328-339.

Isensee, Josef (2013): Geschichtliche Konsequenz wider geheiligte Tradition, Juristenzeitung, 317-327.

Jacob, Benno (1929): Auge um Auge, Berlin.

Jerouschek, Günter (2008): Beschneidung und das deutsche Recht, Neue Zeitschrift für Strafrecht, 313-319.

Jerouschek, Günter (2009): „Wer Menschenblut vergießt, des Blut soll auch durch Menschen vergossen werden", in: Georg Steinberg (Hg.): Festschrift für Hinrich Rüping zum 65. Geburtstag, München, 237-248.

Jerouschek, Günter (2012): Beschneidung – Heileingriff, religiöses Gebot oder strafbare Körperverletzung, Festschrift für Friedrich Dencker zum 70. Geburtstag, Tübingen, 171-181.

Maciejewski, Franz (2002): Psychoanalytisches Archiv und jüdisches Gedächtnis, Wien.

Merkel, Reinhard (2012): Die Haut des Anderen, Süddeutsche Zeitung vom 25. August.

Putzke, Holm (2008): Die strafrechtliche Relevanz der Beschneidung von Knaben, in: Putzke, Holm (Hg.): Festschrift für Rolf Dieter Herzberg zum 70. Geburtstag, Tübingen, 669-709.

Schirrmacher, Frank (2012): Frankfurter Allgemeine Zeitung vom 22. September.

Schwarz, Kyrill-Alexander (2008): Verfassungsrechtliche Aspekte der religiösen Beschneidung, Juristenzeitung, 125-129.

Toubia, Nahid F. (1991): Evolutionary Cultural Ethics and the Circumcision of Children, in: George C. Denniston / Frederick M. Hodges Marilyn Fayre Milos (Hg.): Male and Female Circumcision, 1-7.

Wolffsohn, Michael (2012): Nicht die Beschneidung macht den Juden, Die Welt vom 28. August.

Eilert Herms

Gewissensentscheidung und Rechtsordnung

Das mir vorgegebene Thema spricht die der Rechtspraxis vertraute Erfahrung aus, dass die Rechtsordnung auf Gewissensentscheidungen bezogen ist und mit ihnen umzugehen hat. Diese Erfahrung möchte ich auf ihre fundamentalanthropologischen Gründe und Konsequenzen hin durchsichtig machen, und zwar durch Plausibilisierung von sechs Thesen:

1. Menschen leben zusammen in einer Gemeinschaft von innerweltlich-leibhaften Personen, deren Ordnung stets den Charakter eines *Ethos* hat, das im Lichte der aus wechselseitiger Verständigung resultierenden gemeinsamen handlungsleitenden Gewissheiten aller Beteiligten verantwortlich zu unterhalten ist.
2. Aufgrund dieses durchgehend ethosartigen Charakters des menschlichen Gemeinschaftslebens wird es durchgehend auf Seiten aller Beteiligten von Gewissensentscheidungen geprägt.
3. Zur ethosartigen Ordnung jeder Gemeinschaft gehört wesentlich die funktionsspezifische Subordnung ihrer Rechtsordnung.
4. Weil jede Rechtsordnung nur innerhalb einer ethosartigen Ordnung real ist, kann auch sie nur gelebt werden aufgrund von Gewissensentscheidungen auf Seiten aller Beteiligten.
5. Gewissensentscheidungen prägen die Rechtsordnung auf *allen* Vollzugsebenen: nicht nur auf der Ebene der Regelbefolgung durch die Rechtsunterworfenen, sondern ebenso etwa auf der Ebene der Rechtssetzung und der Rechtsprechung.

6. Gewissensentscheidungen sind nicht ein *Problem* der Rechtsordnung, sondern wesentlich für ihren Vollzug und ein Motor ihrer Fortbildung.

***These 1*: Menschen leben zusammen in einer Gemeinschaft von innerweltlich-leibhaften Personen, deren Ordnung stets den Charakter eines *Ethos* hat, das im Lichte der aus wechselseitiger Verständigung resultierenden gemeinsamen handlungsleitenden Gewissheiten aller Beteiligten verantwortlich zu unterhalten ist.**

Das Zusammenleben von Lebewesen vollzieht sich jeweils in einer Ordnung. In dieser manifestiert es seine dauernde Eigenart und Identität. Jede derartige Ordnung ist der Inbegriff der Regeln, denen die Interaktion innerhalb des Zusammenlebens und das Verhalten des Ganzen zu einer Umwelt dauernd unterliegt.

Im Falle des Zusammenlebens von Tieren in Rudeln oder Herden sind diese Regeln, und damit die Ordnung insgesamt, durch Instinkte festgelegt. Nicht so im Falle von Menschen. Menschen sind innerweltlich-leibhafte Personen.[1] Als solche leben sie in unmittelbarer Selbsterschlossenheit, durch die sie ihnen selbst zu-verstehen gegeben sind. Somit existieren sie unter der unabweisbaren Zumutung, ihr Leben im Lichte von handlungsleitender Gewissheit, die aus wechselseitiger Verständigung *im* Zusammenleben *über* das Zusammenleben resultiert und somit auch immer irgendwie mit anderen geteilt wird, in undelegierbarer individueller Verantwortlichkeit zu führen. Auch die Ordnung des Zusammenlebens in der menschlichen Persongemeinschaft, seine Regeln, ergeben sich aus wechselseitiger Verständigung und herrschen auf Dauer nur kraft ihres einsichtsgestützten verantwortlichen Befolgtwerdens in der Lebensführung aller Beteiligten. Kraft dieser unhintergehbaren

[1] Vgl. Eilert Herms, Der Mensch – geschaffene, leibhafte, zu versöhnter und vollendeter Gemeinschaft mit ihrem Schöpfer bestimmte Person, in: Ders. 2007, 25-46.

und unübersteigbaren Abhängigkeit der Ordnung des Zusammenlebens in der menschlichen Persongemeinschaft vom Erreichtsein verständigungsgenerierter gemeinsamer praktischer Gewissheit und vom Orientiertsein und Motiviertsein der verantwortlichen Interaktion der Einzelnen an dieser praktischen Gewissheit manifestiert die Ordnung des Zusammenleben stets dessen „Ethos". Der Ausdruck bezeichnet das allseitige Orientiertsein und Motiviertsein der Interaktion an einem allseits geteilten Bestand interaktionsleitender Gewissheit. Die Ordnung des Zusammenlebens in der menschlichen Persongemeinschaft ist so stabil wie das Ethos, das sich in dieser Ordnung manifestiert und sie trägt.

Zwei Eigentümlichkeiten der ordnungs- und ethoskonstitutiven Verständigungsresultate, also der Bestände an handlungsleitender Einsicht bzw. praktischer Gewissheit,[2] müssen dabei scharf im Blick behalten werden:

a) Auf Seiten aller Beteiligten ist die ordnungskonstitutive handlungsleitende Gewissheit jeweils ein Bündel von drei gegenstandsverschiedenen Arten von praktischen Gewissheiten:

- von Gewissheiten über die vorgegebene Grundrichtung des Seins-im-Werden, in welchem die Interaktanten sich samt allen ihresgleichen finden,
- von Gewissheiten über die Wirkregeln, die in diesem Sein-im-Werden herrschen, sowie
- von Gewissheit über die konkrete Bestimmtheit der innerhalb dieses zielstrebigen und regelgemäßen Seins-im-Werden gewordenen gegenwärtigen Interaktionssituation.

Die geteilte ethos- und somit auch ordnungskonstitutive interaktionsleitende Gewissheit ist jeweils gleichzeitig geteilte zielwahlleitende Gewissheit, geteilte wegewahlleitende Gewissheit

[2] „Praktisch gewiss" ist, was für Interaktanten nicht mit gutem Grund bezweifelbar ist, so dass sie nicht anders können, als sich darauf in dem leibhaften Selbsteinsatz ihres folgenreichen Handelns zu verlassen.

und geteilte Gewissheit über die gegebene gemeinsame Handlungssituation. Vermöge des Zusammenspiels dieser drei Arten praktischer Gewissheit können Menschen in ihrer gegenwärtigen Interaktionssituation jeweils gemeinsam reale (erreichbare) Ziele samt den zu ihrer Erreichung führenden Wegen erkennen, einschlagen und durchhalten bzw. anlassbedingt korrigieren und ändern.

b) Die inhaltliche Bestimmtheit und formale Deutlichkeit der verständigungsgenerierten ethoskonstitutiven (ordnungskonstitutiven) Bestände an interaktionsleitender Gewissheit ist den Menschen nicht angeboren, sondern ergibt sich aus der Geschichte der leibhaft-innerweltlichen Selbsterfahrung der Gemeinschaften und ihrer einzelnen Glieder. Sie variiert – progressiv und/oder regressiv – mit der Bildungsgeschichte der Gemeinschaften und der Einzelnen. Diese Variabilität und Plastizität der das Ethos (und die Ordnung) der Gemeinschaft tragenden Bestände an zielwahl- und wegewahlleitender Gewissheit sowie Situationsgewissheit teilt sich auch dem Ethos, der Ordnung, der Gemeinschaft mit. Diese ist somit kontinuierlicher Veränderung unterworfen nicht nur vermöge des mehr oder weniger rapiden Wechsels der realen Interaktionssituationen und der geteilten Gewissheit über sie, sondern auch vermöge des bildungsgeschichtlich bedingten Veränderungen von geteilter zielwahlleitender und wegewahlleitender Gewissheit.

Diese wesentliche – unhintergehbare und unübersteigbare – Abhängigkeit des Ethos (und der Ordnung) des menschlichen Zusammenlebens in Persongemeinschaft schließt also ein, dass diese Ordnung stets nur eine *relative Stabilität* und ebenso auch nur eine *relative Einheitlichkeit* aufweisen kann:

Die bloß *relative Stabilität* jeder Ordnung menschlichen Zusammenlebens ergibt sich aus der unüberwindlichen Abhängigkeit solcher Ordnung von den soeben angedeuteten geschichtlichen Schwankungen des Bestandes an geteilter interaktionsleitender Gewissheit, Schwankungen, die unvermeidlich sind.

Darüber hinaus aber vermag jede derartige Ordnung auch nur eine *relative Einheitlichkeit* aufzuweisen. Das ergibt sich aus dem nicht zu beseitigenden Faktum, dass jeder unter Menschen mögliche Bestand an gemeinsamer ethos- und ordnungskonstitutiver interaktionsleitender Gewissheit nur durch Prozesse wechselseitiger Verständigung erreicht werden kann, an denen ausnahmslos alle Einzelnen als solche beteiligt sind. Somit ist aber auch der Erfolg dieser zu geteilter orientierender und motivierender Gewissheit führenden Verständigung davon abhängig, *dass* Verständigung am Ort jedes Einzelnen gelingt sowie *in welchem Umfang* und *wie (mit welchem Ergebnis)* das am Ort jedes Einzelnen der Fall ist. Dieses Gelingen ist nie gleichmäßig, sondern durchgehend individuell und somit verschieden. Stets sind Grenzen des Verständigtseins gegeben. Aufgrund dessen kann auch der Bestand an gemeinsamer interaktionsorientierender und -motivierender Gewissheit immer nur begrenzt sein und somit auch die von ihm getragene Einheit der Ordnung des Zusammenlebens immer nur eine begrenzte. Die Ordnung des Zusammenlebens in einer Gemeinschaft von Personen kommt eben nie zustande und besteht nie *vorbei* an den Gewissheiten, die jeweils den Einzelnen im Zuge der wechselseitigen Verständigung zuteil werden. Real einheitlich ist die Ordnung des menschlichen Zusammenlebens nur soweit, wie sich solche Einheitlichkeit als Effekt des durchgehenden, mehr oder weniger stark variierenden individuellen Befolgtwerdens der Ordnung am Ort aller beteiligten Einzelnen ergibt. Das aber ist abhängig von den die Einzelnen jeweils orientierenden und motivierenden Beständen an praktischer Gewissheit. Somit ist auch die Einheitlichkeit der Ordnung des Zusammenlebens in der Persongemeinschaft von Menschen relativ auf die Bestände von verständigungsgenerierter interaktionsleitender Gewissheit aller Einzelnen. Deshalb aber ist sie auch durchgehend relativ auf deren „Gewissensentscheidungen". – Dazu die nächste These.

These 2: Aufgrund des durchgehend ethosartigen[3] Charakters des menschlichen Gemeinschaftslebens wird es durchgehend auf Seiten aller Beteiligten von Gewissensentscheidungen geprägt.

Zu klären ist zunächst, was die Rede vom „*Gewissen*" (1), sodann, was die Rede von „Gewissens*entscheidungen*" meint (2). Daraus wird ersichtlich, dass und inwiefern Gewissensentscheidungen konstitutiv sind für die Ordnung (das Ethos) des Zusammenlebens in der Gemeinschaft menschlicher Personen und diese Ordnung durchgehend prägen (3).

1. Welche phänomenale Realität ist mit der Rede vom „Gewissen" gemeint? Einen Konsens darüber gibt es weder in der Theologie, noch in der Philosophie. Auch in der Jurisprudenz besitzt die Rede vom „Gewissen" und von „Gewissensentscheidungen" nur eine, wie das mir gestellte Thema belegt, begrenzte semantische Klarheit. Sie reicht nur soweit, dass gewisse praktische Probleme der Nichtbefolgung von Rechtsregeln unter Berufung auf „Gewissen" und „Gewissensentscheidungen" mit praktisch ausreichender Genauigkeit beschrieben, beurteilt und behandelt werden können. Angesichts dieser Lage schlage ich eine Be-

[3] Ich spreche hier und im folgenden bewusst statt vom „ethischen" vom „ethosartigen" Charakter des menschlichen Zusammenlebens. Grund: Bei der Rede vom „ethischen" Charakter wird vermutlich an das Geleitetsein des Zusammenlebens von einem *bestimmten*, und zwar *einem* bestimmten Ethos gedacht. Gemeint ist hier aber nur, dass es kein menschliches Zusammenlebens gibt, dessen Ordnung nicht jeweils von *irgendeinem* – formal in der angedeuteten Weise in verständigungsgenerierter praktischer Gewissheit gründenden – Ethos geprägt wäre. Und darüber hinaus, dass es auch durchaus möglich ist, dass mehrere inhaltlich mehr oder weniger verschiedene Ethosgestalten im Zusammenleben in einem Gemeinwesen lebendig sind und durch ihre faktische Interferenz die Ordnung des Gemeinwesens prägen. Die Rede von der „ethosartigen" Verfassung jeder Ordnung des menschlichen Zusammenlebens soll auf die ganze Breite dieses Spielraums verweisen.

stimmung der realen Sache, die mit der Rede vom „Gewissen" gemeint ist, vor, die sich an fünf auf der Hand liegende und nicht erfolgreich zu bestreitende Züge dieser Sache hält und sich auf sie beschränkt.

1.1 Erster Zug

Auf jeden Fall gehört das mit der Rede vom „Gewissen" gemeinte Reale in den Bereich von all dem, was menschlichen Aktanten „praktisch als wahr gewiss ist", d. h. für sie praktisch keinen Anlass zum Zweifeln bietet.[4] Das Gewissen präsentiert sich als ein Element im Gesamtbestand der praktischen Gewissheiten von menschlichen Aktanten.

1.2 Zweiter Zug

Wie alle praktische Wahrheitsgewissheit kommt auch die Wahrheitsgewissheit des „Gewissens" zustande zwar *nicht vorbei* am Freisein des Aktanten und *nicht vorbei* an seinen ihm durch dieses sein Freisein unabweisbar zugemuteten eigenen verantwortlichen Verstehensaktivitäten, aber keineswegs *durch* diese seine eigenen Aktivitäten. Es gibt überhaupt keine Wahrheitsgewissheit (kein Evidenzerlebnis), die von Aktanten *hervorgebracht* würde. Jede(s) widerfährt ihnen. Ebenso wird auch die Wahrheitsgewissheit des Gewissens nicht vom Aktanten hervorgebracht, vielmehr widerfährt sie ihm bzw. „überfällt" ihn. Genau und nur vermöge dieses Widerfahrnis- oder Überfallcharakters eignet der Wahrheitsgewissheit des Gewissens ihr „beißender" Charakter. Sie behaftet ihre Adressaten, die einzelnen Aktanten, bei sich, verlangt von ihnen, anerkannt zu werden und beunru-

---

[4] Sie ist das Kennzeichen von praktischer Gewissheit im Unterschied zu logischer Gewissheit. Praktische Gewissheit ist immer kommunikations- und erfahrungsabhängig, daher nie absolut und stets korrektur- und fortbildungsfähig. Dennoch aber real – eben als der Bestand von Annahmen über die verantwortlich zu verstehende (zu begreifende und zu behandelnde) Realität, die die Interaktanten jeweils für nicht sinnvoll bezweifelbar halten. Ohne derartige praktische „Gewissheiten" wird keine Handlung vollzogen.

higt sie gegebenenfalls auch gegen ihren Willen. Genau dieser Zug der Wahrheitsgewissheit des Gewissens – eben die Unverfügbarkeit ihres sich-Einstellens – ist es auch, der seine Anerkennung durch die menschliche Umwelt des Aktanten – weil und soweit sie mit diesem Zug ihrerseits vertraut ist – verlangt.

1.3 Dritter Zug

Inhaltlich betrifft die Wahrheitsgewissheit des Gewissens jedenfalls einzelne Taten des Interaktanten. Und zwar immer unter dem Gesichtspunkt, dass jeder derartige Einzelakt wesentlich bezogen ist auf einschlägige Interaktionsregeln, die in der geschichtlich erreichten, also bestehenden, Ordnung des Zusammenlebens vorgegeben sind, sei es, dass er diese Regel(n) befolgt, sei es, dass er gegen sie verstößt. Inhalt des Gewissens sind Einzelhandlungen in ihrer (für sie wesentlichen) Regelbezogenheit. Unter diesem Gesichtspunkt werden einerseits *schon vollzogene* Einzelinteraktionen beurteilt. Aber keineswegs nur sie, sondern ebenso auch *noch bevorstehende* Einzelaktionen. Die Wahrheitsgewissheit des Gewissens hat nicht nur retrospekive, sondern auch prospektive Bedeutung; sie adressiert Aktanten nicht nur in verurteilender, sondern auch in warnender, ja verbietender Funktion.[5]

1.4 Vierter Zug

Näherhin ist der Inhalt der Wahrheitsgewissheit des Gewissens in jedem Fall das Verhältnis zwischen einerseits einer einzelnen Befolgung/Nichtbefolgung einer Regel des Zusammenlebens und andererseits derjenigen Ordnung des Zusammenlebens, die dem Interaktanten gewiss ist als mit der ihm gewissen Bestimmung des Menschseins übereinstimmend, ihr dienlich, und ihn aufgrund dessen als *gute* Ordnung *anzieht*. Im Gewissen ist dem Einzelnen praktisch gewiss, nicht nur a) dass seine einzelne Tat wesentlich bezogen ist auf in der bestehenden Ordnung

[5] Über diesen Zug des Gewissens besteht Einigkeit bei allen, die Luthers Feststellung folgen, dass das Gewissen keine virtus *operandi*, sondern eben genau und nur eine virtus *iudicandi* sei: WA 8, 606.

des Zusammenlebens vorgegebene einschlägige Interaktionsregeln, nämlich entweder deren Befolgung oder Nichtbefolgung ist, sondern auch b) dass die Tat, sei sie nun eine Befolgung oder Nichtbefolgung der in der *bestehenden* Ordnung vorgegebenen einschlägigen Interaktionsregel, faktisch mit dem Regelwerk derjenigen Ordnung übereinstimmt, die dem Einzelnen gewiss ist als die der Bestimmung des Menschseins dienliche Ordnung und die sein Handeln somit nicht nur orientiert, sondern auch *motiviert*, nämlich als die gute Ordnung *anzieht*. Als „gutes Gewissen" manifestiert sich die Übereinstimmung der Einzeltat und der Regelbefolgung/-nichtbefolgung, die sie jeweils ist, mit der den Interaktanten anziehenden guten Ordnung, als „schlechtes Gewissen" die Nichtübereinstimmung mit dieser guten Ordnung.

Dieser spezifische Inhalt der Wahrheitsgewissheit des Gewissens ist offensichtlich relativ auf praktische Gewissheiten, die dem Interaktanten schon *vor* seinem Überfallenwerden durch die Wahrheitsgewissheit des Gewissens zuteil geworden sind, nämlich auf

a) die zielwahlleitende Gewissheit des Interaktanten über das Wesen, den Ursprung und die Bestimmung des Menschseins-im-Werden, auf
b) seine Gewissheit über diejenige Ordnung des Zusammenlebens, die dieser Bestimmung des Menschseins gerecht wird, sowie dann auf
c) die dem Aktanten ebenfalls schon vor seinem Ereiltwerden von der Wahrheitsgewissheit des Gewissens zuteil gewordene Gewissheit über die physischen und sozialen Konsequenzen seiner Einzelaktion (Regelbefolgung/-nichtbefolgung).

Diese drei praktischen Gewissheiten fallen im menschlichen Zusammenleben verschieden aus: sie sind verschieden in den unterschiedlichen Ethosttraditionen und -gemeinschaften, und ebenso auch in den verschiedenen Phasen der Bildungsgeschichte jeder einzelnen Person. Somit variiert auch die auf diese Gewissheiten relative Wahrheitsgewissheit des Gewissens: Sie fällt *inhaltlich* verschieden aus in Abhängigkeit vom unterschiedlichen Inhalt dieser drei Basisgewissheiten, und sie fällt *formal* unterschiedlich schwach bzw. undeutlich aus je nach der Prägnanz und inhaltlichen Klarheit, in der der Inhalt jener drei Basisgewissheiten jeweils einem Aktanten präsent ist.

Diese Relativität und Abhängigkeit der Wahrheitsgewissheit des Gewissens zeigt, dass sie zwar stets individuell ist, aber wie alles Individuelle auch in einem konstitutiven Bezug zu der Gemeinschaft existiert, innerhalb deren Individuelles als solches, eben als unverwechselbare Variation von Gemeinschaftlichem, allein zustande kommen kann. Die beschriebene Relativität und Abhängigkeit der Wahrheitsgewissheit des Gewissens belegt also, dass sie – unbeschadet ihrer Nichtverallgemeinerbarkeit und Unverfügbarkeit – nie schlechthin privat und inkommunikabel ist. Eine als rein privat und schlechthin inexplikabel auftretende Wahrheitsgewissheit kann – ganz abgesehen von der Frage, ob sie *überhaupt* als Wahrheitsgewissheit anerkannt werden kann – jedenfalls mit Sicherheit nicht als *Wahrheitsgewissheit des Gewissens* anerkannt werden.

1.5 Fünfter Zug

Zwar sind der *Gegenstand* des Gewissensurteils stets Einzelaktionen in ihrer Bezogenheit auf das Regelsystem der geschichtlich erreichten Ordnung des Zusammenlebens (als faktische Befolgungen oder Nichtbefolgungen von Regeln, die durch diese Ordnung vorgegeben sind). Aber der *Maßstab* des Gewissensurteils ist keineswegs die *jeweils erreichte (gegebene)* Ordnung des Zusammenlebens, sondern diejenige Ordnung des Zusammenlebens, die dem Interaktanten schon vor dem Gewissensurteil aufgrund seiner Gewissheit über die Bestimmung des Menschseins als die eben mit dieser Bestimmung des Menschseins übereinstimmende, ihr dienliche und insofern ihm gewisse anziehende und *gute* Ordnung des Zusammenlebens präsent ist.

Das zeigt sich schlagend an den vielen Fällen, in denen Einzelaktionen mit gutem Gewissen gegen Regeln einer bestehenden Ordnung verstoßen (klassischer Fall: Jemand verstößt mit gutem Gewissen gegen Regeln der bestehenden Ordnung des Familienlebens). Dieser Zug des Gewissens manifestiert einen Hiatus zwischen den verständigungsgenerierten handlungsleitenden Überzeugungen, die das erreichte Ethos, die erreichte Ordnung des Zusammenlebens tragen, und den interaktionsleitenden Überzeugungen der Einzelnen, einen Hiatus, der unter den Bedingungen des Menschseins stets möglich ist und dafür sorgt, dass unter Menschen die Stabilität und Einheitlichkeit jedes Ethos und jeder Ordnung relativ bleiben.

Soweit die nicht erfolgreich zu bestreitenden spezifischen Züge der praktischen Wahrheitsgewissheit des Gewissens.[6]

2. Aufgrund dessen lässt sich nun auch der Sachbezug der Rede von „Gewissens*entscheidungen*" hinreichend genau bestimmen. Sie meint zwei Sachverhalte, die zwar immer aufeinander bezogen, aber gerade deswegen sorgfältig auseinanderzuhalten sind.

2.1 Gemeint ist erstens eine Entscheidung, die *durch* das widerfahrnisartige Präsentwerden der Wahrheitsgewissheit des Gewissens *für* einen Interaktanten getroffen wird. So etwa, wenn durch das Auftauchen der Vorstellung einer noch nicht vollzogenen, aber möglichen ausstehenden Einzelaktion (einer einzelnen Regelbefolgung / -nichtbefolgung) unmittelbar die prospektive (warnende oder verbietende) Gewissheit evoziert wird, dass sie mit der dem Aktanten als menschengerecht gewissen und ihn als gut anziehenden Ordnung des Zusammenlebens nicht vereinbar ist, oder wenn das Vollzogensein einer einzelnen Regelbefolgung/-nichtbefolgung unmittelbar das retrospektive schlechte Gewissen ihrer Nichtvereinbarkeit mit der als menschengerecht gewissen und als gut anziehenden Ordnung des

[6] Beachte: Die hier vorgelegte Beschreibung der fünf Wesenszüge des Gewissensphänomens vermeidet bewusst und konsequent den Weg über eine Beschreibung von Seelenvermögen.

Zusammenlebens weckt. In dieser ersten Bedeutung meint also die Rede von „Gewissensentscheidungen" stets die prospektiven oder retrospektiven *Unterscheidungen* zwischen „sittlichen" und „unsittlichen" (mit der jeweils als gut gewissen Ordnung kompatiblen oder nicht kompatiblen) Einzelaktionen, die von der durch die Aktanten nicht herstellbaren und nicht beherrschbaren (sich unverfügbar für sie einstellenden) Wahrheitsgewissheit des Gewissens getroffen werden.

2.2 Diese durch die unverfügbare Wahrheitsgewissheit des Gewissens getroffenen Entscheidungen adressieren jeweils einen menschlichen Aktanten und stellen diesen damit vor eine Entscheidung, die nun er selber zu treffen hat: Der Aktant hat nun *sich zu entscheiden* zwischen Anerkennung und Befolgung oder Nichtanerkennung und Nichtbefolgung der durch das Wahrheitsbewusstsein des Gewissens getroffenen Unterscheidung zwischen Aktionen, die mit der dem Aktanten gewissen guten Ordnung vereinbar sind, und solchen, die mit dieser guten Ordnung nicht vereinbar sind. Diese Entscheidung trifft nicht das Gewissen selbst, sondern die durch es adressierte Person. Was sich daran zeigt, dass auch Entscheidungen gegen das Gewissen möglich sind – die dann bekanntlich wider Willen schmerzen.

2.3 Die Gewissensentscheidungen im ersten Sinne (d. h. der Entscheidungen des Gewissens, die zwischen den Aktionen des Aktanten, die mit der ihm als gut gewissen Ordnung vereinbar sind, und denen, die es nicht sind) sind also hingeordnet auf die Gewissensentscheidungen im zweiten Sinne (auf die eigenen Entscheidungen der Aktanten für das Handeln, das mit der ihnen als gut gewissen Ordnung vereinbar ist, und gegen die damit unvereinbaren Handlungen). Und diese eigenen Gewissensentscheidungen der Aktanten erfolgen nicht in dezisionistischer Grundlosigkeit, sondern haben den Grund ihrer Möglichkeit und ihres Verlangtseins in den ihnen schon vorausgehenden Entscheidungen auf der Ebene des unverfügbaren Wahrheitsgewissheit des Gewissens.

Für die Gewissensentscheidungen in beiderlei Sinn ist es also wesentlich, dass sie orientiert sind nicht etwa an der jeweils *gegebenen* (erreichten) Ordnung des Zusammenlebens, sondern an der jeweiligen Gewissheit des Aktanten über die *gute* Ordnung des Zusammenlebens, die dem, was ihm als die Bestimmung des Menschseins gewiss ist, entspricht und seiner Erreichung dient.

3. Die vorstehenden Betrachtungen zeigen, dass für die unverfügbare Wahrheitsgewissheit des Gewissens, die am Ort jedes Einzelnen die Übereinstimmung seiner schon vollzogenen und bevorstehenden Einzelhandlungen mit der ihm gewissen guten Ordnung des Zusammenlebens zum Inhalt hat, offenbar zweierlei gleichzeitig gilt: Einerseits lebt das Urteil des Gewissens *von* den orientierenden und motivierenden interaktionsleitenden Gewissheiten, die dem Einzelnen durch die Kommunikation mit seinesgleichen *im* realen Zusammenleben *über* das Zusammenleben zuteil geworden sind. Und andererseits kommt diese individuelle Teilhabe jedes Einzelnen an den verständigungsgenerierten interaktionsleitenden Gewissheiten, die das Ethos und die Ordnung des Zusammenlebens tragen, ausschließlich im Durchgang durch die Gewissensentscheidungen aller Einzelnen zu ordnungserhaltender *Wirksamkeit*. Somit ist es in der Tat so, wie es die These behauptet: Gewissensentscheidungen sind konstitutiv für die Ordnung (das Ethos) des Zusammenlebens in Gemeinschaft menschlicher Personen. Eine solche Ordnung besteht nur im kontinuierlichen Durchgang durch das zweischichtige Geschehen der Gewissensentscheidungen am Ort aller Einzelnen und wird durchgehend durch diese Entscheidungen geprägt. Die Stabilität und Einheitlichkeit der Ordnung des Zusammenlebens ist wesentlich, also auch durchgehend, auf die Gewissensentscheidungen aller Einzelnen relativ. Das könnte nur bestreiten, wer ernsthaft die These vertreten möchte, dass das Interagieren von Personen nur gelegentlich, dann und wann, „gewissenhaft", im übrigen aber weithin „gewissenlos" sei – eine These, die jedoch an der uns in

Selbsterschlossenheit zu verstehen gegebenen Realität des Menschseins nicht ausweisbar ist. Menschliches Interagieren ist als solches und durchgehend gewissenhaft (wenn auch angezogen von verschiedenen, unter Umständen miteinander unvereinbaren und zwischen den Einzelnen strittigen Visionen des guten Zusammenlebens).

Und eben *deshalb* kann keine Ordnung des Zusammenlebens in der Gemeinschaft menschlicher Personen darauf verzichten, innerhalb ihrer auch eine Ordnung des Rechts auszubilden. – Dazu die nächste These.

***These 3*: Zur ethosartigen Ordnung jeder Gemeinschaft gehört wesentlich die funktionsspezifische Subordnung ihrer Rechtsordnung.**

Weil in einer Gemeinschaft von Personen die Ordnung des Zusammenlebens nur im Durchgang durch die Gewissensentscheidungen am Ort aller Einzelnen besteht, erlangt diese Ordnung stets nur *relative* Stabilität und Einheitlichkeit. Die Ordnung ist stets relativ instabil und uneinheitlich.

Diese relative Instabilität und Uneinheitlichkeit bedingen sich gegenseitig:

a) Die Uneinheitlichkeit ist durch die Instabilität bedingt, sofern letztere sich aus der Abhängigkeit der ethos- und ordnungskonstitutiven praktischen Gewissheit aller Glieder der Gemeinschaft von den variierenden Resultaten von deren individueller Bildungsgeschichte und deren unverfügbaren Resultaten ergibt. Aufgrund dieser Abhängigkeit bleibt zweierlei stets unsicher: einerseits, dass eine einmal erreichte, von verständigungsgenerierter gemeinsamer praktischer Gewissheit getragene Ordnung des Zusammenlebens auch auf einheitliche Weise erhalten und in einer einheitlichen Richtung fortgeschrieben wird, und andererseits zuvor schon, dass die jeweils nachwachsende Generation in ihrer Bildungsgeschichte überhaupt denjenigen Bestand an gemeinsamer praktischer Gewissheit erlangt, der das schon erreichte Ethos (die schon erreichte Ordnung) trägt, und nicht etwa hinter diesem Gewissheitsbestand zurück und damit unfähig bleibt, die einmal erreichte Ordnung durchzuhalten.

b) Diese so begründete Uneinheitlichkeit der Ordnung bedingt dann wiederum ihrerseits deren Instabilität. Aufgrund dieser Uneinheitlichkeit ist die Ordnung nicht nur insofern instabil, als sie *Schwankungen* in Abhängigkeit von den bildungsgeschichtlich schwankenden ethos- und ordnungskonstitutiven Gewissheitsbeständen der Partizipanten aufweist, sondern auch insofern, als es kraft dieser bildungsgeschichtlichen Flüssigkeit der ethos- und ordnungsstützenden Gewissheitsbestände zu unterschiedlichen, ja gegensätzlichen, miteinander unverträglichen und antagonistischen Orientierungen und Motivierungen der Interaktion kommt. Diese stören nicht nur den *Frieden* im Zusammenleben, sondern können sogar seinen *Bestand* bedrohen und tun dies auch tatsächlich immer wieder.

Diese Friedens- und Bestandsbedrohung ist für das Zusammenleben in der Gemeinschaft menschlicher Personen wegen der bildungsgeschichtlichen Variabilität seiner ethos- und ordnungstragenden Bestände an interaktionsorientierender und -motivierender Gewissheit wesentlich, immer und unter allen Umständen gegeben. Eben deshalb ist es auch für das Zusammenleben in der Gemeinschaft menschlicher Personen wesentlich, immer und überall erforderlich, dass es innerhalb seiner Ordnung die besondere Ordnung des durch Herrschaft (lat.: regimen) gesetzten und ausgeübten Rechts ausbildet. Diese Ordnung des Rechts hat zu verhindern, dass das Zusammenleben dem ständigen Bedrohtsein seines Friedens und Bestandes zum Opfer fällt.

Aus dieser wesentlichen Aufgabe jeder Rechtsordnung ergeben sich zunächst die nicht erfolgreich zu bestreitenden[7] *forma-*

[7] Auch die unter Juristen gängige Betonung der Tatsache, dass es

len Wesenszüge ihrer Regeln (1), dann aber auch ihre wesentliche *Inhalte* (2).

1. Die formalen Wesenszüge betreffen den für diese Regeln zu erhebenden Befolgungsanspruch (1.1.) sowie die Erfüllung der komplexen Bedingungen für die Durchsetzung dieses Anspruchs (**1.2.**).

1.1 Die Regeln des Rechts können ihre friedens- und bestandswahrende Funktion nur erfüllen, wenn sie *hinlänglich dauerhaft* den Anspruch erheben, von *jedem* Glied des Gemeinwesens unter *allen einschlägigen Umständen* befolgt zu werden, unabhängig davon, ob ihm explizit gewiss ist, dass sie auch von seiner eigenen jeweils bildungsgeschichtlich erreichten interaktionsleitenden Gewissheit über die *gute* Ordnung des Gemeinwesens verlangt werden oder wenigstens mit dieser kompatibel sind. Durch die hinlänglich dauerhafte Erhebung dieses *universalen* Befolgungsanspruchs übergreifen sie die relative Instabilität und Uneinheitlichkeit der verständigungsgenerierten ethos- und ordnungstragenden Gewissheitsbestände, die für das Zusammenleben von Personen wesentlich sind. Sie definieren einen Rahmen, der diese relative Instabilität und Uneinheitlichkeit einhegt.

1.2 Freilich ist diese hinreichend dauerhafte Erhebung des universalen Befolgungsanspruchs für die Regeln des Rechts nur die notwendige, aber noch keineswegs die hinreichende Bedingung für die Erfüllung der Friedens- und Bestandssicherungsaufgabe des Rechts. Diese hinreichende Bedingung ist erst, dass der hinreichend dauerhaft erhobene universale Befolgungsanspruch auch *durchgesetzt* wird. Dafür müssen komplexe Bedingungen erfüllt sein, nämlich die folgenden:

1.2.1 Die Regeln müssen für jedermann kennbar, sie müssen bekanntgegeben, veröffentlicht, promulgiert sein.

---

eine konsentierte Definition von Recht nicht gebe, spricht nicht gegen das Folgende.

1.2.2 Es muss verhindert werden, dass sie folgenlos übertreten werden können. Sie müssen sanktionsbewehrt sein. Ihre Übertretung muss regelmäßig mit Folgen nicht nur bedroht, sondern auch effektiv verbunden sein, die für die Regeladressaten unattraktiv, ja in irgendeinem Maße abschreckend sind.

1.2.3 Die Regeln müssen das leibhafte Verhalten der Glieder der Gemeinschaft betreffen, dessen Regelkonformität oder -widrigkeit öffentlich manifest und als solche vor dem forum externum festgestellt werden kann.

1.2.4 Ebenso müssen die Sanktionen von der Art sein, dass sie auch wirksam verhängt werden können, was nur der Fall ist, wenn sie in leibhaften Folgen für das leibhafte Leben der Regeladressaten bestehen.[8]

1.2.5 In der Gemeinschaft muss eine Instanz existieren, welche als Urheber von Rechtsregeln die effektive Macht hat,

- die Regeln, für die ein universaler Befolgungsanspruch erhoben wird, inhaltlich zu bestimmen,
- die mit diesem Anspruch versehenen sanktionsbewehrten Regeln öffentlich bekannt zu machen (sie die allgemeine Aufmerksamkeit erregend zu promulgieren),
- das Verhalten der Regeladressaten hinreichend dicht auf Regelbefolgung bzw. -übertretung hin zu überwachen und
- im Übertretungsfall die vorgesehenen Sanktionen zu verhängen, und zwar wo nötig auch *gegen* den Willen des Übertreters. Nur aufgrund des zweifelsfreien Erfülltseins dieser zuletzt genannten Bedingung auf Seiten des Regel-

[8] Eine leibhafte Folge ist z. B. schon ein öffentlich ausgesprochener, ansehensmindernder Tadel. Freilich eine leibhafte Folge, von der nicht einzusehen ist, dass sie die Befolgung der Regel, mit der sie als Folge seiner Übertretung verbunden ist, auch sicherzustellen vermöchte.

urhebers ist dieser imstande, die mit der Übertretung verbundenen Sanktionen glaubwürdig *anzudrohen* und *dadurch* ihre tatsächliche Verhängung auf ein Minimum zu reduzieren.

Die mit dieser Macht ausgestattete Instanz ist diejenige, welche in der Gemeinschaft de facto herrscht, das Regiment innehat. Dabei muss diese Innehabung von Herrschaft ihrerseits so dauerhaft sein, dass sie die für die Erfüllung der Aufgabe der Rechtsordnung erforderliche hinlängliche Dauerhaftigkeit der Erhebung des universalen Befolgungsanspruchs für ihre Regeln gewährleisten kann.

Weil Rechtsregeln und die mit ihnen verbundenen Sanktionen das leibhafte Verhalten der Glieder der Gemeinschaft betreffen, muss auch die gegebenenfalls erforderliche Verhängung der Sanktionen gegen den Willen der Betroffenen durch physischen Einsatz durchgeführt werden können, also unter Einsatz von willentlichen Widerstand überwindender und in diesem Sinne *zwingender* Gewalt.[9]

[9] Soweit für Rechtsregeln die Durchsetzbarkeit ihrer Befolgung formal wesentlich ist, ist auch ihre Durchsetzbarkeit gegen willentlichen Widerstand und in diesem Sinne ihre Erzwingbarkeit wesentlich. Nur soweit ein universal-bedingungsloser Befolgungsanspruch auf seine Durchsetzbarkeit prinzipiell verzichtet, verzichtet er eben damit auch prinzipiell auf seine Erzwingbarkeit. Regeln mit universal-bedingungslosem Befolgungsanspruch, die auf ihre Durchsetzbarkeit prinzipiell verzichten, können eben deshalb auch nicht die oben skizzierte Schutzaufgabe von Rechtsregeln erfüllen. – Dies sei hier im Blick auf die nicht wenigen Stimmen aus dem Bereich der Rechtswissenschaft festgehalten, die darauf insistieren, dass für Recht der „Zwangscharakter" nicht wesentlich sei (vgl. etwa die Skizze der Diskussionslage bei Stefan Muckel, in: de Wall/Muckel 2009, 97-100). Dazu ist zu sagen, dass in der Tat das reale Rechtsleben weithin ohne realen Zwang auskommt. Aber dass Regeln, welche von vornherein auf die mögliche *Erzwingbarkeit* ihrer Befolgung verzichten, noch Regeln des Rechts als der Schutzordnung eines jeden Ethos sein können, ist zu bestreiten. Vielmehr sind der-

1.2.6 Schließlich kann der für Rechtsregeln wesentliche universale Befolgungsanspruch nur durchgesetzt werden, wenn es auch auf Seiten der Regeladressaten, und das sind eben ausnahmslos alle Glieder des Gemeinwesens,[10] jeweils ein ausreichendes Motiv für ihre tatsächliche Befolgung gibt. Erforderlich ist lediglich dass das Befolgungsmotiv am Ort aller Rechtsadressaten ausreichend stark ist, jedoch nicht, dass die Motive alle von gleicher Art sind. Vielmehr ist stets davon auszugehen, dass faktisch zwei Motive ganz verschiedener Art wirksam werden können und, je nachdem, auch wirksam werden:

- nämlich bei einigen (möglichst vielen) Regeladressaten die Gewissheit, dass die Befolgung verlangende Rechtsregel wenigstens *kompatibel* ist mit der verständigungsgenerierten Gewissheit über die gute Ordnung der Gemeinschaft, die ihnen durch ihre Bildungsgeschichte zuteil geworden ist, wenn sie nicht gar von dieser ihnen gewissen guten Ordnung selbst *verlangt* wird,
- bei den übrigen (bestenfalls möglichst wenigen) Regeladressaten aber wenigstens die Gewissheit, dass die mit hinreichender Sicherheit auf die Übertretung erfolgende Sanktion ein Übel ist, das den Nutzen der Übertretung überwiegt, also: die Angst vor Strafe.

Indem bei einigen Regeladressaten das eine, bei den übrigen das andere Motiv zur Befolgung der Regeln der Rechtsordnung wirksam ist, ist bei *allen* Adressaten diejenige ausreichende Mo-

artige auf mögliche Erzwingbarkeit ihres Befolgtwerdens verzichtenden Regeln als solche einfach Regeln eines *Ethos* (dessen Regeln sind in der Tat aus der Natur der Sache heraus zur überwiegenden Zahl nicht auf die mögliche Erzwingbarkeit ihrer Befolgung angewiesen, weil sie eben Teil der die Interaktanten *anziehenden*, für sie als *gut* gewissen, Ordnung sind).

[10] Auch wenn Rechtsregeln für Inhaber bestimmter Positionen gelten, gelten sie eben für *alle* Glieder des Gemeinwesens unter der gleichen Bedingung: eben der, dass sie die betroffene Position innehaben.

tivation zur Befolgung der Rechtsregeln gegeben, die die unabdingbare Voraussetzung für die tatsächliche Anerkennung und Übernahme der universalen Befolgungszumutung ist, auf die Rechtsregeln als solche nicht verzichten können.

Soweit die formalen Wesenszüge von Rechtsregeln, die sich aus der Aufgabe der Rechtsordnung ergeben. Aber auch die *inhaltlichen* Wesenszüge von Rechtsregeln ergeben sich aus der Aufgabe der Rechtsordnung.

2. Diese Aufgabe stellt sich auf dem Boden des Zusammenlebens der Menschen in einer Gemeinschaft von Personen, deren Ordnung nicht durch Instinkte festgelegt ist, sondern den Charakter eines Ethos hat, das von den verständigungsgenerierten, also bildungsgeschichtlich variierenden Gewissheiten getragen ist, die die Interaktion der Glieder der Gemeinschaft orientieren und motivieren, und das insofern nur im Durchgang durch Gewissensentscheidungen auf Seiten aller Glieder Bestand hat. Die Rechtsordnung ersetzt diese ethosartige Ordnung des Zusammenlebens in einer Gemeinschaft von Personen keineswegs durch eine ganz andersartige Ordnung. Vielmehr hat sie nur die Aufgabe, diese Ordnung gegen die friedens- und bestandsbedrohenden Konsequenzen der ihr als einem Ethos (oder: einer ethosartigen Ordnung) wesentlich eignenden relativen Instabilität und relativen Uneinheitlichkeit in Schutz zu nehmen. Daraus ergibt sich die auf der Hand liegende Konsequenz für den Inhalt aller Regeln der Rechtsordnung:

Dieser entspricht der wesentlichen Aufgabe der Rechtsordnung, wenn er sich

- einerseits auf *alles* erstreckt, was erforderlich ist, um die Ordnung des menschlichen Zusammenlebens in der Gemeinschaft von Personen in ihrer Abhängigkeit von verständigungsgenerierter Gewissheit und durchgehenden Prägung durch Gewissensentscheidungen, also in ihrem ethosartigen Charakter und in ihrer damit verbundenen wesentlichen relativen Instabilität und Uneinheitlichkeit, vor bestandsbedrohendem äußeren Unfrieden zu bewahren, und zugleich

- andererseits *nichts* vorschreibt, was über diese Erfordernisse hinausgeht und sich auf dieses Ziel hin selbst beschränkt. Solche Selbstbeschränkung verlangt erstens, dass auf alle Regelungen verzichtet wird, über deren Erfüllung oder Übertretung nicht vor dem forum externum entschieden werden kann. Sie verlangt zweitens, dass Interaktionsmuster (Institutionen[11]) verboten werden, die dem ethosartigen Charakter des menschlichen Zusammenlebens in der Gemeinschaft von Personen, seinem Vollzug auf dem Boden von verständigungsgenerierter Gewissheit und im Durchgang durch Gewissensentscheidungen, widersprechen, und dass gleichzeitig die ihm entsprechenden Interaktionsmuster geschützt werden. Sie verlangt drittens, dass auch die Ausübung von Herrschaft selber durch die Ordnung des Rechts so geregelt wird, dass der Missbrauch von Herrschaftsmacht zu einem anderen Zweck als dem des Dienstes an der ethosartigen Ordnung des menschlichen Zusammenlebens in der Gemeinschaft von Personen und dem ihres Schutzes vor bestandsgefährdendem Unfrieden so unwahrscheinlich wie möglich gemacht wird.

Es liegt auf der Hand, dass die durch Herrschaft zu pflegende Rechtsordnung diesen Dienst an der ethosartigen Ordnung des menschlichen Zusammenleben in der Gemeinschaft von Personen, die in verständigungsgenerierter Gewissheit fundiert und durchgehend von Gewissensentscheidungen geprägt ist, nur leisten kann, indem sie auch selbst auf diesem Boden steht und ihm verhaftet bleibt. – Dazu die nächste These.

[11] Vgl. Eilert Herms, Art.: Institution, in: : Honecker u.a. (Hgg.), 2015.

***These 4*: Weil jede Rechtsordnung nur innerhalb einer ethosartigen Ordnung real ist, kann auch sie nur gelebt werden aufgrund von Gewissensentscheidungen auf Seiten aller Beteiligten.**

Aus allem Gesagten ist klar, dass zwischen der Rechtsordnung und dem Ganzen der ethosartigen Ordnung des menschlichen Zusammenlebens in der Gemeinschaft von Personen ein asymmetrisches wechselseitiges Bedingungsverhältnis besteht:

Einerseits verlangt das Ganze dieser ethosartigen Ordnung des menschlichen Zusammenlebens aufgrund der relativen Instabilität und Uneinheitlichkeit, die ihr als einer in verständigungsgenerierter Gewissheit fundierten und nur im Durchgang durch Gewissensentscheidungen bestehenden Ordnung eignen, den Schutz durch die Rechtsordnung vor bestandsgefährdendem Unfrieden. Diesen Schutz kann die Rechtsordnung dem Ganzen nur gewähren, wenn sie auch das *Ganze* umgreift – jedenfalls in der Weise, dass sie Interaktionsmuster, die der ethosartigen, durch verständigungsgenerierte Gewissheit fundierten und durch Gewissensentscheidungen orientierten Ordnung des menschlichen Zusammenlebens in der Ordnung von Personen widersprechen, verbietet und effektiv verhindert und die ihr entsprechenden Interaktionsmuster ermöglicht und schützt.

Andererseits aber vollzieht sich dieses Umgriffenwerden der Gesamtordnung des Zusammenlebens von Menschen in der Gemeinschaft von Personen durch die Rechtsordnung nicht jenseits dieser Gesamtordnung, nicht irgendwo in Distanz zu ihr, außerhalb oder oberhalb ihrer, sondern auf ihrem Boden und unter ihren Bedingungen. Die Rechtsordnung kann die Gesamtordnung nur schützend umgreifen, indem sie selbst unter den Bedingungen des ethosartigen Wesens dieser Gesamtordnung verbleibt: unter den Bedingungen der relativen Instabilität und Uneinheitlichkeit einer Ordnung, für die verständigungsgenerierte interaktionsleitende Gewissheiten konstitutiv sind und die nur im kontinuierlichen Durchgang von Gewissensentscheidungen auf Seiten aller Beteiligten unterhalten werden kann und Bestand hat. In diesem Sinne bleibt die gesamte Rechtsordnung ihrerseits umgriffen (und somit auch abhängig) von der relativ instabilen und relativ uneinheitlichen ethosartigen Ordnung des menschlichen Zusammenlebens in der Gemeinschaft von Personen. Zwischen dem Ganzen der gewissheitsgestützten ethosartigen Ordnung des menschlichen Zusammenlebens in Persongemeinschaft und ihrer Subordnung des Rechts besteht also ein *asymmetrisches Verhältnis des wechselseitigen Umgriffenseins*:

- Die Rechtsordnung umgreift die ethosartige Gesamtordnung des menschlichen Zusammenlebens in Persongemeinschaft als deren Schutzordnung, und
- der ethosartige Charakter des menschlichen Zusammenlebens in Persongemeinschaft umgreift und trägt diese Schutzordnung des Rechts als Grund der Möglichkeit und Unabdingbarkeit dieser letzteren.

Das aber heißt: Wie alle aufgabenbezogenen (funktionsbezogenen) Subordnungen innerhalb der Gesamtordnung des menschlichen Zusammenlebens in Persongemeinschaft verbleibt auch die Rechtsordnung auf dem Boden der allgemeinen Bedingungen der ethosartigen Ordnung des menschlichen Zusammenlebens in Persongemeinschaft. Und das wiederum heißt: Auch sie, die Rechtsordnung, wird nur vollzogen im Durchgang durch Gewissensentscheidungen und ist von solchen *durchgehend* geprägt – und zwar auf Seiten *aller* Beteiligten auf *allen* für sie wesentlichen Vollzugsebenen. Dazu die nächste These.

***These 5*: Gewissensentscheidungen prägen die Rechtsordnung auf *allen* Vollzugsebenen: nicht nur auf der Ebene der Regelbefolgung durch die Rechtsunterworfenen, sondern ebenso etwa auf der Ebene der Rechtssetzung und der Rechtsprechung.**

1. Konflikte sind mit Gewissensentscheidungen nicht zufällig, sondern wesentlich verbunden. Das ist deshalb so,

- weil Gewissensentscheidungen, wie gezeigt, auf dem Boden jeweils einer bestimmten, eben der jeweils geschichtlich erreichten (gegebenen), ethosartigen Ordnung des menschlichen Zusammenlebens das Verhältnis schon vollzogener und noch zu vollziehender Interaktionen (von denen jede de facto regelbezogen, also eine Regelbefolgung oder -übertretung ist) nicht zu den Regeln dieser *gegebenen*, sondern zu den Regeln der der Person gewissen *guten* Ordnung des Zusammenlebens zum Inhalt haben, und
- weil (eben wegen der wesentlichen relativen Uneinheitlichkeit der im Zusammenleben bildungsgeschichtlich variierenden Überzeugungen von der guten Ordnung des Zusammenlebens) der Zusammenfall der geschichtlich erreichten (gegebenen) Ordnung des Zusammenlebens mit der den einzelnen Interaktanten gewissen, sie anziehenden guten Ordnung stets nur mehr oder weniger gegeben ist.

In jedem Fall ist nun die Rechtsordnung ein Teil der geschichtlich *erreichten* (gegebenen) Ordnung, sodass das Bedingtsein der Befolgung ihrer Regeln durch Gewissensentscheidungen, das auch in ihrem Fall unvermeidlich ist, kontinuierlich die *Möglichkeit* und mehr oder weniger häufig auch die *Realität* des Konflikts zwischen der den jeweiligen Aktanten anziehenden guten und der gegebenen Ordnung einschließt.

1.1 Diese Feststellung mag manchem prima vista nicht einleuchten. Dafür dürfte es zwei Gründe geben.

1.1.1 Erster Grund: Man erlebt bei sich und anderen nicht kontinuierlich, sondern nur intermittierend, dann und wann, den störenden Einspruch des Gewissens gegen die Befolgung der Rechtsordnung. Das ist nicht zu bestreiten, jedoch kein Einwand gegen den durchgehend konfliktträchtigen Charakter des Lebens in der Rechtsordnung vermöge seines wesentlichen und durchgehenden Vermitteltseins durch Gewissensentscheidungen:

Erstens nämlich schließt dieser nicht die Möglichkeit aus, dass der Regelbestand der erreichten (gegebenen) Rechtsordnung unter Umständen (und bestenfalls) in weiten Teilen mit dem Regelbestand der guten Ordnung des Zusammenlebens, an der sich die Entscheidungen des Gewissens orientieren, kompatibel ist. Und dies gerade auch dann, wenn auf Seiten der einzelnen Rechtsunterworfenen unterschiedliche Visionen der guten Ordnung das Gewissen und seine Entscheidungen orientieren; denn im Lichte dieser unterschiedlichen Visionen der guten Ordnung können jeweils unterschiedliche Segmente des Regelbestands der gegebenen Rechtsordnung als mit der jeweils als „gut" anziehenden Ordnung kompatibel erscheinen. Und jedenfalls ist eine der Bedingungen der Stabilität einer jeden Rechtsordnung eben die, dass ein möglichst großer Teil ihrer Regeln den Rechtsunterworfenen aufgrund der jeweiligen Orientierung ihres Gewissens von diesem als „gut" präsentiert wird, und somit von ihnen aus Überzeugung und nicht nur aus Furcht vor Strafe befolgt werden kann und wird.

Dazu kommt ein Zweites: Wenn es hinreichend gebildet ist, orientiert sich das Gewissen von Interaktanten in jedem Fall an einer Vision der guten Ordnung des menschlichen Zusammenlebens in Persongemeinschaft, die eben als solche, also gute Ordnung, (aus den oben genannten Gründen) auch die Existenz der Schutzordnung des Rechts einschließt und somit jedenfalls in formaler Hinsicht Regeln des Rechts schon als Element derjenigen guten Ordnung verlangt, deren Vision das Gewissen orientiert. Und das kann die Vorerwartung einschließen, dass die Regeln des Rechts auch inhaltlich mit dieser das Gewissen orientierenden guten Ordnung kompatibel sind. Eine solche Vorerwartung wird um so leichter um sich greifen, als in hochkomplexen, für die Einzelnen unübersichtlichen sozialen Kontexten dem Vertrauen auf überlegene Fremdkompetenz im Geschehen der Bildung der Vision der guten Ordnung, die das Gewissen orientiert, eine weitreichende Kraft eignet. Die Begegnung mit den Regeln des Rechts kann als Begegnung mit einem Sachverstand mit überlegener Kompetenz erlebt werden, die als solche selber mit zur Bildung der das Gewissen orientierenden Sicht der guten Ordnung beiträgt.[12]

1.1.2 Zweiter Grund: Die professionelle Beschäftigung mit der Rechtsordnung in einer der für ihre Pflege, Erhaltung und Entwicklung erforderlichen Positionen setzt eine auf die gegebene Rechtsordnung als ganze gerichtete Entscheidung des Gewissens voraus – nämlich die, dass das Gewissen der eine solche Position anstrebenden Interaktanten diesen die gegebene Rechtsordnung *im ganzen* als eine solche präsentiert, die mit der ihr jeweils mehr oder weniger gebildetes Gewissen orientierenden Sicht der guten Ordnung zumindest kompatibel ist. Diese vom Gewissen getroffene Grundentscheidung zugunsten der bestehenden Rechtsordnung kann – zumindest für die Inhaber bestimmter Positionen im Rechtssystem, nämlich der Verwaltung und Rechtssprechung, weniger leicht der Rechtsetzung – den Eindruck wecken, dass diese Grundentscheidung des Gewissens zugunsten der bestehenden Rechtsordnung weitere Entscheidungen des Gewissens bezüglich der einzelnen Vollzüge des Berufs erübrigt und den beruflichen Einzelvollzügen den Charakter von lediglich *technisch* richtigen oder unrichtigen Maßnahmen verleiht. Dann kann der Eindruck entstehen, dass die Erledigung dieser beruflichen Aufgaben (etwa in Verwaltung und Rechtssprechung) durchgehend den Charakter eines technischen Verfahrens besitzt, dessen Kunstgerechtigkeit sich gerade daran zeigt, dass „Gewissensentscheidungen" für es keine Rolle mehr spielen. Diese Sicht kann jedoch genau besehen nur durchgehalten werden, wenn man bereit ist anzunehmen, dass diese Rechtswaltung im Detail „gewissenlos" ist. Wo diese These als unhaltbar durchschaut wird, kann dann auch nur – entgegen dem vorherrschenden Eindruck bloßer professioneller

[12] Treffend gesehen von Korff 1999, 879.

Kunstfertigkeit und Routine – zugegeben werden, dass eben doch auch die kunstgerechte professionelle Rechtswaltung sich im Durchgang durch ein Kontinuum von Entscheidungen des Gewissens, eben zumindest des professionellen Gewissens, vollzieht – einschließlich der allen derartigen Entscheidung wesentlich eigenen Konflikt*trächtigkeit*. Auch in der professionellen Rechtswaltung ist stets mit der – immer wieder real werdenden – Möglichkeit zu rechnen, dass die nie zur Ruhe kommende Entscheidungstätigkeit des Gewissens die gegebene Rechtsordnung als im Einzelnen nicht kompatibel mit oder zumindest zurückbleibend hinter der das Gewissen orientierenden guten Rechtsordnung einer guten Ordnung des menschlichen Zusammenlebens präsentiert und die gewissenhafte Lösung dieses Konflikts verlangt.

2. Das sei an Beispielen auf verschiedenen Ebenen des Rechtslebens aufgewiesen.

2.1 Konflikte auf der Ebene der Rechtsbefolgung: – Vertraut und viel besprochen sind die Konflikte auf der Ebene der Rechtsbefolgung: Etwa wenn unter Berufung auf das Gewissen die Erfüllung der allgemeinen Wehrpflicht verweigert wird; oder die Erfüllung der gesetzlichen Wahlpflicht (wo eine solche besteht); oder auch die Erfüllung der gesetzlichen Schulpflicht, sei es zur Gänze, sei es bezogen auf einzelne Pflichtfächer. Prominente Fälle waren und sind auch Brüche des Fahneneids oder der Verletzung der militärischen Gehorsampflicht unter Berufung auf das Gewissen. Denkbar und real sind auch die sich auf Entscheidungen des Gewissens berufenden Verstöße gegen verbotene Formen der Suizidbeihilfe oder des Schwangerschaftsabbruchs. Vorgekommen – und weiterhin zu erwarten – sind Formen eines Protestes gegen technologische, wirtschaftliche oder politische Entwicklungen, der bewusst den Bruch von rechtlichen Normen einschließt – und dies unter Berufung auf das Gewissen.

In der Natur der Sache liegt es, dass derartige Konflikte in denjenigen Regelungsbereichen der Rechtsordnung auftreten, die das Wesen des Menschseins berühren, seinen Ursprung und seine Bestimmung, und dass von ihnen die Rechtsordnung von mehr oder weniger totalitären Gemeinwesen[13] häufiger betroffen ist als die Rechtsordnung von pluralistischen[14] Gemeinwesen. Aber verschont von solchen Konflikten bleibt auch die letztere nicht. Wie ist unter diesen zuletzt genannten Bedingungen mit solchen Konflikten umzugehen?

Jedenfalls so, dass die vorstehend skizzierte unlösliche Eingebundenheit der Rechtsordnung in die Gesamtordnung des menschlichen Zusammenlebens und deren ethosartigen Charakter sowie die unüberwindliche Teilhabe der Rechtsordnung selbst an diesem Charakter festgehalten wird. Daraus dürfte sich folgende Grundregel ergeben: Geprüften und nachvollziehbaren Befolgungsverweigerungen von Regeln der Rechtsordnung unter Berufung auf das Gewissen ist soweit durch Verzicht auf Sanktionierung Rechnung zu tragen, wie das mit der Aufrechterhaltung der Rechtsordnung des pluralistischen Gemeinwesens als solcher vereinbar ist.

Die Umsetzung dieser Grundregel verlangt meines Erachtens ein Vierfaches:

a) Erstens das Festhalten am Verlangen der Offenlegung der Entscheidung des Gewissens, auf das sich die Befolgungsver-

[13] „Totalitär" nenne ich Gemeinwesen, in denen die unverfügbare Freiheit der Bildung interaktionsleitender praktischer Gewissheit, die der Grund für die relative Instabilität und Uneinheitlichkeit der ethosartigen Ordnung des Zusammenlebens ist, nicht respektiert sondern unterdrückt wird – und dies nicht zuletzt mit den Mitteln des Rechts.

[14] „Pluralistisch" nenne ich Gemeinwesen, in denen die unverfügbare Freiheit der Bildung interaktionsleitender praktischer Gewissheit, die der Grund für die relative Instabilität und Uneinheitlichkeit der ethosartigen Ordnung des Zusammenlebens ist, respektiert und demgemäß auch – mit den Mitteln des Rechts – geschützt wird.

weigerung beruft. Aufgrund der oben beschriebenen Struktur von Entscheidungen des Gewissens ist das *möglich*. Und *geboten* ist es für die Rechtsordnung eines pluralistischen Gemeinwesens, weil es für diese wesentlich ist, die Orientierung des Gewissens durch unterschiedliche Visionen der guten Ordnung einzuschließen. Eine solche Rechtsordnung ist grundsätzlich dafür offen, durch ihre Regelungen auch der Anziehungskraft von Visionen der guten Ordnung Rechnung zu tragen, auf die bisher noch keine Rücksicht genommen wurde. Gewährte Ausnahmen sind Anlass, zu überlegen, ob sie durch veränderte Regelungen überflüssig gemacht werden können, die die beschriebene Schutzfunktion der Rechtsordnung nicht schwächen.

Auf Befolgungsverweigerungen, die eine solche Offenlegung der Entscheidung des Gewissens, auf die sie sich berufen, verweigern oder die einer solchen Offenlegung aus der Natur der Sache heraus nicht fähig sind – dazu gehören etwa alle Regeln der Rechtsordnung die den Verkehr der Glieder des Gemeinwesens betreffen, ihren Beitrag zu den Lasten des Gemeinwesens und den Schutz des Lebens aller Glieder des Gemeinwesens –, ist mit der Verhängung der in der Rechtsordnung vorgesehenen Sanktionen zu antworten.

Alles bisher Gesagte gilt auch für Befolgungsverweigerungen unter Berufung auf religiöse Überzeugungen. Denn es kann auch ohne den – hier zu weit führenden – expliziten Aufweis eingesehen werden, dass die Wahrheitsgewissheit des religiösen Bewusstseins die Struktur der Wahrheitsgewissheit des Gewissens teilt und daher ohne eine gemeinschaftsbezogene und explizierbare Basisgewissheit über das Wesen, den Ursprung und die Bestimmung des Menschseins sowie ohne eine Vision einer dieser Bestimmung des Menschseins gerecht werdenden Gesamtzuordnung aller artverschiedenen Interaktionsweisen, die für das menschliche Zusammenleben wesentlich sind, nicht real ist.

b) Soweit sich Befolgungsverweigerungen auf Entscheidungen des Gewissens berufen, denen erkennbar die Anziehungskraft einer totalitären Ordnung des Gemeinwesens zugrunde liegt, die mit der herrschenden pluralistischen nicht vereinbar ist, und die auf die Beseitigung dieser pluralistischen durch jene totalitäre Ordnung zielen, ist die pluralistische Ordnung durch Verhängung der zu ihrem Schutz vorgesehen Sanktionen zu verteidigen.

c) Soweit die unter a) und b) benannten Bedingungen nicht erfüllt sind, kann die Rechtsordnung eines pluralistischen Gemeinwesens durch genau begrenzte Ausnahmeregelungen konkretisiert werden, die den Konflikt zwischen Befolgungsverlangen der Rechtsordnung und Befolgungsverweigerung unter Berufung auf die Wahrheitsgewissheit des Gewissens oder der Religion beseitigen. Jüngere Beispiele dafür sind meines Erachtens die Erklärung der rechtlichen Zulässigkeit der Beschneidung von männlichen Neugeborenen unter genau bestimmten Bedingungen oder die Ausnahmeregelungen für das Schächten von Tieren und die Teilnahme von muslimischen Mädchen am schulischen Sportunterricht. Offenkundig sind aber solche Ausnahmeregelungen für bestimmte Fallklassen nur in den Grenzen möglich, in denen sie das allgemeine Befolgungsverlangen einer Regel der Rechtsordnung (etwa: der Wahrung der körperlichen Unversehrtheit von Neugeborenen), indem sie dieses für unmissverständlich genau und eng begrenzte Fallgruppen einschränken, zugleich *voraussetzen* und *bestätigen* und somit *keinesfalls außer Kraft setzen*.

d) Viertens: Minimierbar sind aber Konflikte zwischen Rechtsordnung und Gewissensentscheidungen auch über solche für die Rechtsordnung insgesamt unschädliche Ausnahmeregelungen hinaus. Nämlich dadurch, dass das System der Konstruktionsprinzipien der Rechtsordnung, d. h. die Verfassung, und ihre Einzelregelungen inhaltlich so bestimmt werden, dass ihre Befolgung für möglichst alle Glieder des Gemeinwesens auch durch ihr Gewissen geboten ist – also so, dass die Rechtsordnung und ihre Regeln kraft ihrer inhaltlichen Bestimmtheit möglichst weitgehend kompatibel gehalten wird mit unterschiedlichen gewissensorientierenden Sichtweisen der guten Ordnung des Zusammenlebens.

Möglich ist das aufgrund des oben beschriebenen wechselseitigen asymmetrischen Inklusionsverhältnisses zwischen der ethosartigen (also auf verständigungsgenerierte praktische Gewissheit gestützten) Konstitution der Ordnung des menschlichen Zusammenlebens in Persongemeinschaft und der eben diesen ihren ethosartigen Gesamtcharakter schützenden ethosartigen Rechtsordnung. Insbesondere können die in der *Verfassung* fixierten *Konstruktionsprinzipien* der Rechtsordnung so bestimmt werden, dass ihre Befolgung für alle diejenigen geboten ist, deren Gewissen von der Sicht auf eine Ordnung angezogen wird, deren Güte genau darin liegt, dass sie für alle diejenigen verschiedenen Weisen, das Menschsein zu verstehen (es zu begreifen und zu behandeln), offen ist, welche sich durch die *Vorgegebenheit* des Menschseins für alle möglichen und realen Menschen ermöglicht und verlangt wissen, und zwar auf seine *Vorgegebenheit* als solche, die einerseits durch kein Verstehen (Begreifen und Umgehen-mit) definitiv eingeholt werden kann, auch nicht durch die eigene, und die zugleich andererseits anerkannt ist als die mit der eigenen zugleich alle anderen Positionen *umgreifende* Vorgegebenheit. Meines Erachtens liegt eine solche Verfassungsbestimmung in dem – ich wage, zu sagen: „genial" formulierten – Doppelsatz von Art. 1 Absatz 1 unseres Grundgesetzes vor: „Die Würde des Menschen ist unantastbar. Sie zu achten ist Aufgabe aller staatlichen Gewalt." Das gilt jedenfalls dann, wenn die Würde des Menschen als dasjenige verstanden wird, was die wesentliche Eigenart des Menschseins ausmacht, eben sein Personsein, durch das alle Menschen kraft der ihr Personsein konstituierenden unmittelbaren Selbsterschlossenheit unabweisbar dazu bestimmt sind, ihr Leben in durch wechselseitige Verständigung generierter praktischer Gewissheit in undelegierbarer Verantwortlichkeit zu führen. Die Würde des Bestimmtseins zu einem Zusammenleben in verstehender, gewissheitsgestützter Selbstbestimmung eignet jedem Menschen vor und damit auch unabhängig von irgendeinem Vollzug solcher Selbstbestimmung durch ihn selbst oder durch andere. Diese *Würde* des Menschseins ist etwas anderes als der *Wert*, den es für irgendjemanden besitzt. Der Wert von etwas wird vom Wertadressaten (von derjenige Instanz, *für* die etwas einen Wert hat) selbst gesetzt. Hingegen ist die Würde von etwas, nämlich seine angemessenes Verstehen und angemessenen Umgang verlangende Eigenart, allen Würdeadresssaten (allen Instanzen, für die es in seiner angemessenen Umgang verlangenden Eigenart gegeben ist) *vor*gesetzt und *vor*gegeben als das, was von ihnen erheischt, von ihnen gewürdigt zu werden, eben gewürdigt durch den seiner Eigenart angemessenen Umgang mit ihm. Indem die Verfassung besagt, dass die Würde des Menschseins, also die Würde seines leibhaften Personseins, der obrigkeitlichen Rechtsordnung unantastbar vorgegeben ist, besagt sie nichts weniger, als dass die Rechtsordnung durchgehend die Schutzordnung für den wesentlich *ethosartigen* Charakter des menschlichen Zusammenlebens in Persongemeinschaft zu sein hat (was sie, wie gezeigt, nur sein kann, wenn und indem sie ihren eigenen ethosartigen Charakter wahrt).[15]

Ausgeschlossen ist freilich, dass schlechthin *allen* einzelnen Regeln der Rechtsordnung die Kompatibilität mit *allen* gewissensorientierenden Sichtweisen der guten Ordnung verschafft und gesichert werden kann. Denn Aufgabe der Rechtsordnung ist eben, wie gezeigt, mit ihrer Einheit die relative Uneinheitlichkeit der ethosartigen Gesamtordnung des menschlichen Zusam-

[15] Diese Pointe von Art I Satz 1 GG habe ich herausgearbeitet in: Herms 2008, 61-124, 125-169.

menlebens in Persongemeinschaft zu umfassen. Somit wird es in der Rechtsordnung immer einzelne Regelungen geben, deren Befolgung nicht vom Gewissen aller, sondern nur einiger Glieder als akzeptabel oder gar geboten präsentiert wird, vom Gewissen anderer hingegen als inakzeptal und verboten. Aber die Zahl solcher Bestimmungen kann minimiert werden – nämlich dadurch, dass die in der gemeinsamen Welt mögliche Verständigung zwischen den im Gemeinwesen koexistierenden unterschiedlichen gewissensorientierenden Sichtweisen der guten Ordnung auf die inhaltliche Bestimmung der Regeln der Rechtsordnung den gebührenden Einfluss hat.

2.2 Konflikte auf der Ebene der Rechtssetzung: – Auch für den Legislator präsentiert sich die Rechtsordnung in unlösbarer Bezogenheit auf die jeweils sein gebildetes Gewissen orientierende Sicht der guten Ordnung des Zusammenlebens. Folglich sind auch auf dieser Ebene Konflikte zwischen der vom Gewissen gebotenen inhaltlichen Fassung von Rechtsregeln und ihrer in der Rechtsordnung real gegebenen oder real möglichen inhaltlichen Fassung möglich und treten immer wieder auf.

Dabei nimmt der Konflikt dann eine ebenenspezifische Gestalt an. Er tritt hier aus der Natur der Situation heraus nicht nur als Konflikt zwischen der Orientierung des Gewissens und der lex lata, sondern auch als Konflikt zwischen jener und verschiedenen möglichen Gestalten der lex ferenda immer wieder auf: Von den möglichen Gestalten der lex feranda ist jeweils nur eine diejenige, welche sich als jeweils direkt vom Gewissen des Aktanten in der Position des Legislators gebotene präsentiert, während andere sich im Licht des Gewissens als mangelhaft oder gar verboten präsentieren.

Für diese Konfliktsituation besteht zunächst folgende Grundalternative: Entweder präsentiert sich einem Aktanten in der Position des Legislators die Existenz einer gemeinsamen Rechtsordnung für alle im Gemeinwesen koexistierenden unterschiedlichen sittlichen Gemeinschaften, die als Rechtsordnung von der vom Gewissen gebotenen sittlichen Ordnung relativ verschieden ist, durch sein sittliches Gewissen als *geboten* oder als *verboten*.

Unter dieser zuletzt genannten Bedingung muss der Legislator nicht nur jede inhaltliche Bestimmung einer Rechtsregel, die von der durch *sein* Gewissen gebotenen abweicht, zu verhindern suchen, sondern auch eine Rechtsordnung, die derartige durch *sein* Gewissen nicht gebotene Regeln enthält, bekämpfen – also die Position des Legislators für die Rechtsordnung eines pluralistischen Gemeinwesens zu ersetzen suchen durch oder umzuwandeln in die Position des Legislators für ein Gemeinwesen, dessen Ordnung ausschließlich *einer einzigen* gewissensorientierenden Sicht der guten Ordnung des Zusammenlebens entspricht, also für ein Gemeinwesen mit einheitlichem, *homogenem Ethos ohne relative* Uneinheitlichkeit, das als solches eben ein totalitäres Gemeinwesen ist.

Unter der anderen, zuerst genannten Bedingung findet sich hingegen der Legislator durch sein Gewissen selbst zu einer völlig anderen Entscheidung aufgefordert: Wenn diejenige inhaltliche Bestimmung, welche von *seinem* Gewissen direkt geboten ist, entweder keine Chance hat, in die Rechtsordnung aufgenommen zu werden, oder aber in der bestehenden Rechtsordnung im Zusammenwirken mit anderen gültigen und auf absehbare Zeit nicht zu ändernden Regeln dieser Ordnung mit ausreichend großer Wahrscheinlichkeit zu Folgen führen wird, die sein Gewissen verurteilt, dann findet er sich von seinem Gewissen dazu aufgefordert, sich für diejenige inhaltliche Bestimmung einzusetzen, welche sich seinem Gewissen als das geringere bzw. geringste Übel präsentiert.

Ein Beispiel: Die rechtliche Zulassung von „Pränataler Diagnostik vor Embryonentransfer". Bei diesem Verfahren werden in vitro gezeugte Embryonen eines genetisch belasteten Elternpaares vor ihrer Einsetzung auf ihre genetische Gesundheit hin untersucht und nur ein gesunder Embryo wird eingesetzt, während die anderen verworfen werden. Das wird vom Gewissen all derjenigen Personen im Amt des Legislators verboten, für die gewiss ist, dass schon Embryonen Menschen sind und dass die zu achtende Würde des Menschen nicht durch somatische Behinderungen eingeschränkt wird. Wenn dieses Verbot zur Regel in einer Rechtsordnung erhoben wird, in der bereits die Straffreiheit der Schwangerschaftsunterbrechung aufgrund von medizinischer und/oder sozialer Indikation verankert ist und auf absehbare Zeit bestehen bleiben wird, erhöht es mit hinreichend großer Wahrscheinlichkeit die Zahl von Schwangerschaften „auf Probe", die im Falle einer genetischen Krankheit der Leibesfrucht, abgebrochen werden. Für Legislatoren, denen dies gewiss ist, gebietet ihr Gewissen, dies zu vermeiden durch rechtliche Zulassung der „Pränatalen Diagnostik mit anschließendem Embryonentransfer" als des kleineren Übels.[16]

2.3 Konflikte auf der Ebene der Rechtsprechung: – Auch die Rechtsprechung vollzieht sich nur im Durchgang durch Gewissensentscheidungen, und deshalb kennt auch sie den Konflikt zwischen den gegeben Rechtsregeln und der gewissensorientierenden Sicht der guten Ordnung des Zusammenlebens einschließlich der guten Ordnung des Rechts auf Seiten der Personen, die eine rechtsprechende Position innehaben. Vor diesem Konflikt bliebe die Rechtsprechung nur dann bewahrt, wenn sich ihr professioneller Vollzug in einem gewissenlosen Raum bewegen würde. Das ist ebenso wenig der Fall wie eine de facto gewissenlose Gesetzgebung. Folglich tritt hier ebenso wie im Bereich der Gesetzgebung eine der Situationslogik entsprechende spezifische Gestalt der Spannung zwischen Rechtsordnung und Gewissensentscheidung auf. Und zwar immer dann, wenn die Subsumtion von Streitfällen unter bestehende Rechtsregeln nur durch eine über den Wortlaut hinausgehende ergänzende

[16] So zuerst die Bioethikkommission des Landes Rheinland-Pfalz (Peter Caesar (Hg.), Präimplantationsdiagnostik. These zu den medizinischen, rechtlichen und ethischen Problemstellungen. Bericht der Bioethik-Kommission des Landes Rheinland-Pfalz vom 20. 6. 1999), dann auch der Deutsche Ethikrat (Präimplantationsdiagnostik. Stellungnahme, 2011).

Klarstellung der Rechtsregeln möglich wird. Die Professionalität solcher über den Wortlaut hinausführenden Klarstellungen stellt sicher, dass sie sich im Rahmen der einschlägigen Gesamtintention der Rechtsordnung bewegen und eben diese zum Zuge bringen wollen. Diese aber ist stets als Ganze in den ethischen Überzeugungen des Gesetzgebers fundiert, die in fortgeschrittenen Gemeinwesen in der Verfassung ausgesprochen sind, im Fall der Bundesrepublik Deutschland in dem rechtlich positivierten Gebot der Achtung der unantastbaren Würde jedes Menschen durch die Rechtsordnung. Somit ist die Professionalität der Rechtsprechung in zweifacher Weise in den Horizont der Entscheidungen des Gewissens der rechtssprechenden Personen eingebunden: Erstens, sofern ihr persönliches Gewissen ihnen nicht die Ausübung der Rechtsprechung auf dem Boden einer bestimmten Rechtsordnung – hier der BRD – verbietet, sondern eben die Erfüllung dieser Aufgabe erlaubt bzw. sogar gebietet; und zweitens, sofern ihnen das nur dann und in der Weise möglich ist, dass sie die rechtlich positivierte ethische Grundnorm der Rechtsordnung bejahend in dieses ihr persönliches Gewissen aufnehmen. Das aber heißt: Die Professionalität der Rechtsprechung schließt mit sachlogischer Notwendigkeit ein, dass in ihr die rechtlich positivierte ethische Grundnorm der Rechtsordnung – in unserem Fall also die Achtung der unantastbaren Würde des Menschen – nur in ihrer jeweils im eigenen Gewissen der Richter angeeigneten Version zum Zuge kommen *kann*. Diese realen persönlichen Aneignungsversionen der positiven ethischen Grundnorm der Rechtsordnung, die unvermeidlich in das Geschäft der Rechtssprechung eingehen, sind – wie die einschlägige juristische Debatte (um Interpretation von Art. 1 Absatz 1 GG) und Praxis zeigt – untereinander divers. Und sie treten dann in Konflikt mit der bestehenden Rechtsordnung selbst, wenn sie zu Entscheidungen führen, die der Intention (der Ordnungsabsicht), die der Gesetzgeber mit der Setzung der bestehenden Regelungen verfolgte, widersprechen. Dass dies geschieht – dass also die Entscheidungen des professionellen

Gewissens von rechtsprechenden Personen in mehr oder weniger scharfen Widerspruch treten zu den in der lex lata fixierten Ordnungsabsichten des Gesetzgebers – ist nie ausgeschlossen und kommt immer wieder vor.

Ein Musterbeispiel für diesen Konflikt ist meines Erachtens der Beschluss des BGH vom 10. Dezember 2014[17] zu dem Streit über die Umsetzung des Inhalts eines Leihmuttervertrags nach ausländischem Recht innerhalb des deutschen Rechts. Ich referiere nach dem Text dieses Beschlusses:

Die beiden Glieder einer eingetragenen homosexuellen Lebenspartnerschaft hatten mit einer kalifornischen Frau einen nach dortigem Recht gültigen Leihmutterschaftsvertrag über das Austragen zweier in vitro gezeugten Kinder (von denen eines vor der Geburt durch Spontanabort verloren ging) abgeschlossen, deren genetischer Vater einer der beiden Lebenspartner ist. Die streitfreie Rückkehr des Paares mit dem überlebenden Kind nach Deutschland beweist konkludent, dass die das Kind gebärende Frau zu dem schon durch Vertrag ausgesprochenen Verzicht auf alle ihre Rechte und Pflichten steht. Der Streit ging nun, wie der Beschluss und seine Begründung zweifelsfrei zeigen, der Sache nach ausschließlich darum, ob in Deutschland der für das Wohl des Kindes erforderliche Status der rechtlichen Elternschaft auch für den zweiten Lebensgemeinschaftspartner auf dem Weg über die Adoption des Kindes zu erlangen oder auch nach deutschem Recht schon aufgrund des in Kalifornien geschlossenen Leihmutterschaftsvertrages gegeben und anzuerkennen sei. Eben dies letztere verlangt der Bundesgerichtshof unter Aufhebung der auf den anderen Weg verweisenden Entscheidungen der beiden früheren Instanzen (des Amtsgerichts Charlottenburg und des Berliner Kammergerichts). Der entscheidende Senat des Bundesgerichtshof begründet dieses bindende Verlangen – von dem er ausdrücklich sagt, dass es von der Regelungsabsicht des deutschen Gesetzgebers abweicht, die auf der Ablehnung von Leihmutterschaftsver-

[17] Bundesgerichtshof, Beschluss XII ZB 463/13.

hältnissen beruht und auf die Verhinderung solcher Verhältnisse zielt[18] – damit, dass ein Leihmutterschaftsvertrag von der abgeschlossenen Art dem Wohl des Kindes in höherem Maße gerecht wird als die Adoption durch den zweiten Lebenspartner, weil nämlich der Vertrag auch den zweiten Partner, der nicht der genetische Vater des Kindes ist, schon *vor* der Geburt des Kindes in den rechtlichen Status der Elternschaft versetze und bei dessen Pflichten behafte.[19] Nun schließt der zur Entscheidung anstehende reale Fall konkludent ein, dass diese Begründung nicht auf das Wohl desjenigen einzelnen Kindes, das im strittigen Einzelfall betroffen ist, zielen kann und zielt. Denn dessen Wohl ist ja schon durch das Faktum der Entschlossenheit auch des zweiten Partners, den rechtlichen Elternstatus zu erlangen und zu erstreiten, vollkommen gesichert. Einen realen Unterschied macht der Beschluss vielmehr ausschließlich für künftige gleichartige Konstellationen, also für Wiederholungsfälle. Diese sind es, für die der XII. Senat des BGH vorsorgt.

Somit zeigt sich: Der Beschluss manifestiert die Entscheidung des professionellen Gewissens von fünf Menschen im Richteramt, eine rechtliche Konstellation zu fixieren, die deutschen Staatsangehörigen für das Umgehen der deutschen Rechtsordnung durch Ausweichen auf andere Rechtsordnungen größtmögliche rechtliche Risikofreiheit in Aussicht stellt – und dies in einem ausdrücklich als solchem anerkannten Akt der Abweichung von der genau erkannten Regelungsabsicht des hiesigen Gesetzgebers – zu der als zu einer erträglichen Abweichung sich das professionelle Gewissen der Entscheider ermächtigt weiß. In diesem Vorgang steht also in der Tat das professionelle Gewissen von Rechtsprechern (also ihre Sicht von der *guten* Ordnung des Zusammenlebens) gegen das professionelle Gewissen der Legislatoren (also deren Sicht von der *guten* Ordnung des Zusammenlebens) und die von diesem verfolgte Regelungsabsicht.

---

[18] Im oben Anm. 17 zitierten Beschluss Randnummern 35-38 und 44.

[19] A. a. O., Randnummer 58f.

Zugleich haben wir es hier übrigens auch mit dem Muster einer Entscheidung über einen einzelnen Ausnahmefall zu tun, der die bestehende Regel der Rechtsordnung nicht bekräftigt, sondern schwächt.

***These 6*: Gewissensentscheidungen sind nicht ein *Problem* der Rechtsordnung, sondern wesentlich für ihren Vollzug und ein Motor ihrer Fortbildung.**

Diese These fasst den Ertrag der vorstehenden Betrachtung zusammen:

Die ethosartige Konstitution der Ordnung des menschlichen Zusammenlebens in Persongemeinschaft, also ihr Getragen- und Geprägtsein durch die verständigungsgenerierten interaktionsleitenden Gewissheiten aller Interaktanten, begründet das Faktum, dass das Leben in solcher Ordnung überhaupt nur im Durchgang durch ein Kontinuum von Gewissensentscheidungen möglich ist. Gewissensentscheidungen sind nicht der dramatische Ausnahmefall, der an die Grenzen des rational Handhabbaren führt, sondern sie sind der durchgehende, alltägliche Vollzugsmodus des Lebens in der Ordnung einer Persongemeinschaft, der gerade in dessen Rationalität gründet, nämlich seinem verantwortlichen, weil jeweils auf gebildete interaktionsleitende Gewissheit gestützten, Charakter. Somit sind Gewissensentscheidungen auch der Normalfall der Teilnahme an der Rechtsordnung auf allen ihren Vollzugsebenen – keinesfalls nur auf der Ebene des Rechtsbefolgung durch Rechtsunterworfenen.

Für Gewissensentscheidungen ist es wesentlich, sich in einer mehr oder weniger großen Differenz zwischen gegebener Ordnung und der jeweils das gebildete Gewissen orientierenden Sicht von guter Ordnung zu bewegen. Das gilt auch für die Gewissensentscheidungen, durch die hindurch sich die Pflege der Rechtsordnung auf allen Ebenen – von der Rechtssetzung bis zur Rechtsbefolgung – bewegt. Daher ist im Rückblick auf das mir gestellte Thema „Gewissensentscheidung und Rechtsordnung" abschließend festzuhalten:

Gewissensentscheidungen sind auch für das Leben der Rechtsordnung nicht der gelegentliche Ausnahme-, sondern der durchgehende Normalfall.

Gewissensentscheidungen sind daher auch kein Problem für das Leben der Rechtsordnung, sondern der grundlegende Vollzugsmodus dieses Lebens der Rechtsordnung.

Und weil Gewissensentscheidungen sich stets in der Spannung zwischen einer jeweils erreichten gewissensorientierenden Sicht der guten Ordnung des menschlichen Zusammenlebens und seiner Schutzordnung, der Rechtsordnung, bewegen, deshalb sind sie auch einer der Motoren für die Weiterentwicklung der Rechtsordnung, die wie alle Ordnungen des menschlichen Zusammenlebens in Persongemeinschaft ethosartig verfasst und somit plastisch ist.[20]

[20] Mit der hier gegebenen Beschreibung der Situation des Rechtslebens stimmt der von mir schon bei früherer Gelegenheit erbrachte Nachweis überein, dass es eine weltanschaulich/religiös-ethische *Neutralität* von Rechtsakten (welcher Ebene auch immer) nicht geben kann, sehr wohl aber eine möglichst gleichmäßige *Äquidistanz* der Rechtsordnung gegenüber allen pluralismusfähigen weltanschaulich/religiös-ethischen Positionen und dass es die letztere in einem pluralistischen Gemeinwesen auch geben *muss*: Eilert Herms, Die weltanschaulich/religiöse Neutralität von Staat und Recht aus sozialethischer Sicht, Der Staat 40 (2001) 327-347 (jetzt in: Herms 2008, 170-194.

Literatur

Herms, Eilert (2007): Zusammenleben im Widerstreit der Weltanschauungen. Beiträge zur Sozialethik, Tübingen.

Herms, Eilert (2008): Politik und Recht im Pluralismus, Tübingen.

Honecker, Martin / Dahlhaus, Horst / Hübner, Jörg / Jähnichen, Traugott / Tempel, Heidrun (Hgg.) (2015): Evangelisches Soziallexikon, 9. Aufl., Stuttgart.

Korff, Wilhelm (1999): Art. Recht, ethisch, in: Lexikon für Theologie und Kirche (LThK) 3. Aufl., Bd. 8, 876-882, Freiburg.

Luther, Martin (1889): De votis monasticis (1521), in: D. Martin Luthers Werke, Weimarer Ausgabe Bd. 8, Weimar.

de Wall, Heinrich / Muckel, Stefan (2009): Kirchenrecht, München.

Jürgen Schmude

Recht im Rechtsstaat – Schranke und Stütze für die Politik

I.

Manchmal sind es Alltagserlebnisse, die fernab von aller Juristerei rechtliche Zusammenhänge anschaulich machen. Vor etwa zwanzig Jahren war es, als ich im Vorraum eines kleinen Theaters in Hannover schnell noch etwas trinken wollte, denn ich war spät dran. Leicht ungeduldig bat ich den freundlichen Mann am Getränketisch um Wasser. Wasser könne ich haben, sagte er, auch Cola, Sprite Apfelschorle usw. Wohl noch ungeduldiger wiederholte ich meinen Wunsch mit den Worten: „Wasser, nur Wasser!" Die Belehrung in der Antwort des weiterhin freundlichen Mannes war unüberhörbar: „Aber ein Glas werde ich Ihnen dazu doch wohl geben dürfen."

Bärbel Bohley hätte das miterleben sollen, sagte ich mir damals. Die prominente, vielbeachtete Bürgerrechtlerin aus der DDR wurde in den Jahren nach der Wiedervereinigung und noch kürzlich von den Medien, durchaus verständnisvoll mit der enttäuschten Feststellung zitiert: „Wir haben Gerechtigkeit erwartet und den Rechtsstaat bekommen." Ob ihr die Vorstellung etwas gesagt hätte, dass mir der Verkäufer in Hannover kein Glas gegeben, sondern das Wasser in die Hände gegossen hätte?

Recht und Gerechtigkeit auf dem Papier gab es in der DDR reichlich. Wie wenig das zu bedeuten hatte, zeigte sich schon in der Geltungszeit der DDR-Verfassung von 1949.[1] Der damals be-

[1] Verfassung der Deutschen Demokratischen Republik vom 07. 10. 1949 in: Roggemann 1976, 207 ff.

sonders scharfe und rücksichtslose Gebrauch der Staatsmacht gegen Opponenten und andere missliebige Menschen stand in offenkundigem Widerspruch zu den schriftlichen Verfassungsgarantien: „Persönliche Freiheit, Unverletzlichkeit der Wohnung, Postgeheimnis und das Recht, sich an einem beliebigen Ort niederzulassen, sind gewährleistet." (Art. 8) und: „Alle Bürger haben das Recht, innerhalb der Schranken der für alle geltenden Gesetze ihre Meinung frei und öffentlich zu äußern und sich zu diesem Zweck friedlich und unbewaffnet zu versammeln....Niemand darf benachteiligt werden, wenn er von diesem Recht Gebrauch macht. Ein Pressezensur findet nicht statt." (Art. 9)

Die Berufung auf die Verfassung half den von staatlicher Willkür Betroffenen nicht. Berichtet wurde, dass solche Argumente sogar als Ausdruck besonderer Uneinsichtigkeit galten. Institutionen, die das geltende Recht durchsetzten und die Bürger gegen seine Missachtung schützten, gab es nicht. Immerhin war den Machthabern der offenbare Widerspruch zwischen geschriebenem Recht und Praxis auf die Dauer nicht geheuer. Deshalb fassten sie die Verfassung 1968 neu und nahmen 1974 weitere Änderungen dahingehend vor, dass die früher gewährten Rechte entfielen oder mit Vorbehalten versehen und ausdrücklich der Entscheidungsgewalt der Staatsführung unterworfen waren.[2]

Zwar gab es, wenn auch keine Verfassungs- oder Verwaltungsgerichte, immerhin eine ordentliche Gerichtsbarkeit. In allen politisch relevanten Angelegenheiten, und darüber entschied die Staatspartei, hatten die Richter und Staatsanwälte nach politischer Weisung zu entscheiden. Ein eigentliches Richteramt existierte somit nicht. Und natürlich boten die zulässigen und auch vielfach geschriebenen Eingaben keinen Ersatz für ein rechtsstaatliches Verfahren.

Wie schmerzlich das Fehlen des Rechtsstaats in der DDR empfunden wurde, zeigten u a. kirchliche Appelle an den Staat

[2] A. a. O., 113.

eine Art Verwaltungsgerichtsbarkeit einzuführen, damit ablehnende Entscheidungen begründet werden mussten und überprüft werden konnten.[3] Gekommen ist es dazu nicht. Von einer auch nur teilweisen rechtsstaatlichen Kontrolle staatlichen Handelns konnte keine Rede sein. Papierene Rechtsgarantien blieben wirklichkeitsfern. Und die Möglichkeit, dass unabhängige Richter das Recht nicht nur durchsetzten, sondern auch weiterentwickelten, fehlte erst recht.

Das ist ja vorstellbar, dass ein funktionierender Rechtsstaat auch aus fehlerhaftem materiellem Recht noch etwas einigermaßen Gutes machen kann. Umgekehrt läuft es nicht; Recht ohne Rechtsstaat ist hilflos.

II.

Das heutige Deutschland ist in der glücklichen Lage, neben einem zur immer weiteren Reife entwickelten Recht auch einen leistungsfähigen Rechtsstaat mit seinen Institutionen zu haben, der das Recht ins Leben bringt und ihm Geltung verschafft. Das ist allgemein anerkannt. Ändern will es niemand.

Wo in anderen Ländern mächtige Politiker die Autorität der Richter ignorieren und sie disziplinieren wollen, wird um und gegen den Rechtsstaat gekämpft. Der italienische Ministerpräsident Berlusconi hat uns dafür ungewöhnliche Beispiele geliefert, der türkische Präsident Erdoğan geht, wie schon als Ministerpräsident, nicht nur mit verbalen Attacken, sondern mit massiven Eingriffen und offener Verfolgung gegen Justizorgane vor. In China benutzt die Staatspartei den Begriff des Rechtsstaats, um ihn einem weiterhin von politischen Weisungen völ-

[3] Z. B. in den Beschlüssen der Synode des Bundes der Evangelischen Kirchen in der DDR in Görlitz vom 22. 09. 1987 (in: Silomon 1997, Dokument 3/4, S. 278 f.) und in Eisenach vom 19. 09. 1989 (in: Demke/Falkenau/Zeddies 1994, S. 391 ff.).

lig abhängigen Gerichtswesen zuzuordnen. Der Begriff also ist da, vielleicht kommt auch die Idee nach und nach zur Wirkung.

Der Rechtsstaat wird in vielen Lebensbereichen wirksam, besonders natürlich in den Verfahren der öffentlichen Verwaltung. Wo es um das Verhältnis von Politik und Recht und um die rechtliche Verantwortung im Konflikt geht, ist das überragend wichtige Spannungsfeld zwischen Politik und Gerichtsbarkeit angesprochen. Da spielen sich Konflikte ab, die wir in drastischer Form in anderen Ländern beobachten, die aber gemäßigt und gleichwohl gewichtig auch bei uns zu erleben sind.

Um Machtfragen geht es eben nicht nur dort, wo die Inhaber der Regierungsgewalt die Justiz öffentlich angreifen und sich gefügig machen wollen, sondern auch in einem geordneten Miteinander, wie wir es hier bei uns haben. Eine unabhängige Justiz, die umfassend auf die Einhaltung und Durchsetzung des Rechts achtet, setzt den politisch Verantwortlichen Grenzen. Die Notwendigkeit und die Vorteile solcher Grenzziehung hat die Evangelische Kirche in Deutschland in ihrer Demokratiedenkschrift 1985[4] nachdrücklich und mehrfach betont. „Der Staat soll die Auswirkungen der Fehlsamkeit des Menschen in Grenzen halten," heißt es dort. Die Demokratie, so heißt es an anderer Stelle, „rechnet mit dem Missbrauch von Macht und Herrschaft durch die Regierenden und alle weiteren Inhaber öffentlicher Befugnisse. Begrenzung der Macht und Kontrolle der Machtausübung sind deshalb Grundelemente einer demokratischen Verfassung."

Vielfältige Mechanismen der Machtbegrenzung und -kontrolle sind bei uns wirksam. Die durch Wahlen gesetzten zeitlichen Grenzen sind da zu nennen, das konföderative System mit seiner Machtverteilung, das Parlament mit seinen Minderheitsrechten und natürlich die sogenannte Vierte Gewalt, die Medien. Die Aufzählung solcher verschiedenen Kräfte im Machtgefüge des demokratischen Staates führt fast von selbst zu der Frage,

4 Evangelische Kirche und freiheitliche Demokratie – Der Staat des Grundgesetzes als Angebot und Aufgabe, Gütersloh 1985.

wer denn in Konflikten zwischen ihnen entscheidet, damit es nicht die bloße Macht des Stärkeren ist, die sich durchsetzt.

Die inzwischen dreißig Jahre alte Demokratiedenkschrift legt deshalb auf ein funktionierendes Rechtswesen besonderen Wert. Es gewährleiste die Einhaltung der Gesetze und wache somit über die Einhaltung der Grenzen der Macht, sagt sie. In den unabhängigen Gerichten sei die Kontrolle staatlicher Gewalt institutionalisiert.

Die Denkschrift stellt nicht von vornherein darauf ab, dass die Macht von der Verantwortlichen vor das Recht gesetzt wird und dann von den Gerichten korrigiert werden muss. Sie appelliert vielmehr an alle, die Staatsgewalt ausüben oder auf sie Einfluss nehmen, sich an Recht und Gesetz zu halten. Von der guten Absicht dazu darf man im allgemeinen ausgehen, aber auch davon, dass diese durch das Wissen um die mögliche gerichtliche Korrektur gestärkt wird.

Die Korrektur mit ihrer voraufgehenden Prüfung ist es, in der sich der Konflikt zwischen Recht und Politik konkretisiert. Da geht es nicht nur, aber vor allem um die Rolle des Bundesverfassungsgerichts. Fällt es der Politik zu oft und zu weitgehend in den Arm? Überdehnt es seine Kompetenzen in der Ausgestaltung und Fortentwicklung des Verfassungsrechts? Anhand einiger Beispiele aus seiner Rechtsprechung soll diesen Fragen nachgegangen werden.

Die Medien als Kontrollinstanz von Machtausübung erfüllen im allgemeinen die in sie gesetzten Erwartungen, auch wenn sie nicht frei von Fehlentwicklungen und Einseitigkeiten sind. Sie sind aber für die Information der Öffentlichkeit und für die Bildung der öffentlichen Meinung in verdienstvoller Weise so wirksam, dass sie mit vollem Recht als Vierte Gewalt bezeichnet werden. Politiker in staatlichen Spitzenfunktionen werden zuweilen von Medien nicht nur heftig kritisiert, sondern geradezu bekämpft. Und umgekehrt gibt es Politiker, die sich Medien nicht nur geneigt, sondern auch gefügig machen, ja sie auch ihrerseits bekämpfen möchten.

Spiegel-Affäre

Spektakuläre Aktionen in diesem Feld sind selten und liegen lange zurück, wie die „Spiegel-Affäre" vom Herbst 1962 (Doerry, Janssen 2013). Nach einem Bericht über Mängel in der Verteidigungsfähigkeit der Bundesrepublik gab es Redaktionsdurchsuchungen und die Festnahme einer Reihe von Spiegel-Redakteuren. Bundeskanzler Adenauer sprach von einem „Abgrund von Landesverrat", der sich da aufgetan habe. Gerichte sorgten alsbald für die Freilassung der Verhafteten und für die Einstellung des Ermittlungsverfahrens. Die parlamentarische und weitere öffentliche Auseinandersetzung über diesen von der Politik veranlassten Angriff gegen das regierungskritische Magazin kostete Verteidigungsminister Franz Josef Strauß sein Amt.

ZDF-Staatsvertrag

Etwa ein Jahr zuvor, 1961, war der Versuch des Bundeskanzlers am Bundesverfassungsgericht[5] gescheitert, sich mit dem Zweiten Deutschen Fernsehen (ZDF) einen Sender der Bundesregierung zu schaffen. Das Gericht sah die verfassungsrechtlich geforderte Garantie der institutionellen Eigenständigkeit von Funk und Presse als verletzt an und verlangte eine gesetzliche Grundlage mit ausgewogener Repräsentation aller bedeutenden Gruppen der Bevölkerung. Darauf ist das Gericht in seinem Urteil vom März 2014[6] zurückgekommen und hat mehrere Regelungen des ZDF-Staatsvertrages beanstandet. Erneut ist es darum gegangen, die Vielfalt der „bedeutsamen politischen, weltanschaulichen und gesellschaftlichen Kräfte" angemessen im Sender zu Wort kommen zu lassen. Einfluss und Gewicht staatlicher Funktionsinhaber in der Organisation des Senders müssten gleichzeitig stärker begrenzt werden.

---

5 Urteil vom 28.02.1961 – 2 BvG 1,2/60 -, Entscheidungen des Bundesverfassungsgerichts (BVerfGE) 12, 205 ff.

6 Urteil vom 25.03.2014 – 1 BvF 1/11 u. a., Deutsches Verwaltungsblatt (DVBl) 2014, 649.

Zahlreiche Entscheidungen der Zivilgerichte und auch des Bundesverfassungsgerichts stärken darüber hinaus die Freiheit zur Berichterstattung und zur kritischen Bewertung in Einzelfällen. Das betrifft nicht nur, aber eben auch Berichte über Politiker und ihr Umfeld. Mit dem Versuch, eine Berichterstattung über unzulängliche Unterhaltszahlungen an sein Kind zu unterbinden, konnte sich ein Landesminister nicht durchsetzen; das öffentliche Interesse an dieser Information über seine Zuverlässigkeit sei höher zu veranschlagen als das Persönlichkeitsrecht.

Wie weit das öffentliche Interesse reichen soll, liest ein früher potentiell Betroffener zuweilen beklommen. Die genaue Lektüre der Entscheidungsgründe entkräftet dann meistens die Sorgen. Und jedenfalls ist klar: Gewicht und Funktion der Medien, der „Vierten Gewalt", sind ohne den Schutz der Dritten Gewalt, der Gerichtsbarkeit, nicht denkbar.

Parteienfinanzierung und Parteispenden

Schmerzliche Niederlagen mussten einige Parteien und Einzelpersonen hinnehmen, als das Bundesverfassungsgericht und auch Strafgerichte ab den 60er und 70er Jahren des vorigen Jahrhunderts verfassungswidrige Regelungen und illegale Praktiken bei der Parteienfinanzierung aufarbeiteten. Da ging es darum, die unmittelbare staatliche Finanzierung in Grenzen zu halten, dabei aber auch kleinen Parteigruppierungen zukommen zu lassen, damit neue politische Kräfte eine Chancen bei Wahlen und bei der Mitgestaltung der öffentlichen Angelegenheiten bekamen.

Noch stärker wirkte das ausdauernde, gelegentlich auch widersprüchliche Bemühen des Bundesverfassungsgerichts, die steuerliche Begünstigung bei Parteispenden zu begrenzen. Es sollte nicht dabei bleiben, dass kapitalstarke Interessenten über Geldzuwendungen massiven Einfluss auf Parteien und auf die Meinungsbildung in Parlament und Regierung nehmen konnten, und das sogar noch steuerlich begünstigt. Zugleich wurde als weiteres Korrektiv die Veröffentlichung größerer Parteispenden vorgeschrieben, damit sich die Wähler ein Bild von der finanziellen Einflussnahme auf die Politik machen können.[7]

Im Zuge solcher Klärungen steuerbegünstigter Parteispenden wurden Steuerhinterziehungen großen Umfangs bei der Annahme von Parteispenden aufgedeckt. Vor allem wirtschaftsnahen Parteien waren viele Millionen DM über den Umweg gemeinnütziger Vereinigungen oder ausländischer Stiftungen in strafbarer Weise zugewendet worden. Bundeswirtschaftsminister Graf Lambsdorff und andere aktive und ehemalige Politiker mussten von ihren jeweiligen Ämtern zurücktreten, sie wurden strafgerichtlich verurteilt.

Manche befürchteten daraus entstehende Ansehensverluste für die Politik insgesamt. Tatsächlich drohten diese vor allem bei zwei 1981 und 1984 im Bundestag unternommene Versuchen, die Täter durch Amnestiegesetze von jeder Verfolgung freizustellen.[8] Diese zunächst aussichtsreichen Anschläge auf den Rechtsstaat scheiterten, so dass das Bundesverfassungsgericht sich mit der Verfassungskonformität solcher Gesetze nicht zu befassen brauchte. Der Fehlschlag und die unter großer öffentlicher Beachtung durchgeführten Strafverfahren erleichterten das Werben für die Einsicht, dass auch politische Prominenz vor der Ahndung von strafbarem Handeln nicht bewahrt. Das hat das Vertrauen in den demokratischen Rechtsstaat gestärkt.

Das Gebot der Wiedervereinigung

Der Unmut von Politikern über das Bundesverfassungsgericht macht sich schon mal in drastischen, ja sogar unflätigen Formulierungen Luft. Ob es die Verbalattacke gegen die acht „Wesen“ in Karlsruhe, von denen man sich die Politik nicht kaputtmachen lassen wollte, wirklich gegeben hat und von wem sie kam,

[7] Z. B. im Urteil vom 09.04.1992 – 2 BvE 2/89, BVerfGE 85,264ff.

[8] Für 1981 s. Kilz/Preuss 1983, 251ff. Für 1984 s. die ausführliche Debatte in der Plenarsitzung des Deutschen Bundestages am 24.05.1984.

interessiert bei heutigen Erwähnungen mehr als die wichtige Entscheidung, um die es ging. Auf Antrag der bayerischen Staatsregierung hatte das Bundesverfassungsgericht im Sommer 1973 zu prüfen, ob der zur Ratifizierung anstehende Grundlagenvertrag mit der DDR gegen ein Wiedervereinigungsgebot des Grundgesetzes verstieß. Es wurde, am 31. Juli 1973[9], eine der Entscheidungen des Gerichts , mit denen es im Umfeld heftigen öffentlichen Streits über die neue Ost- und Deutschlandpolitik vermochte, eine für alle Seiten akzeptable Lösung zu finden. Der massive Eingriff in die Politik, das Veto gegen die Ratifizierung des Vertrages, unterblieb. Zugleich wurde allen Trägern öffentlicher Verantwortung aufgegeben, in ihren Aktivitäten und Äußerungen das Ziel der staatlichen Wiederherstellung Deutschlands zu achten und alles zu unterlassen, was dieses Bemühen gefährden könnte. Ein wirkungsvoller Beitrag zur Stärkung des inneren Friedens war dem Gericht damit gelungen.

Ausschluss höherer Beamter von einer Besoldungserhöhung

Als vorletztes Beispiel aus der Rechtsprechung sei die Entscheidung des nordrhein-westfälischen Verfassungsgerichtshofs vom Juli 2014 über den Ausschluss höherer Beamter von einer Besoldungserhöhung bei der Umsetzung von Tarifabschlüssen für den öffentlichen Dienst angeführt.[10] Das Gericht hat diese gesetzliche Regelung für unvereinbar mit dem von ihm auf das Landesrecht erstreckten Art. 33 Abs. 5 GG erklärt. Damit hat es dem Land Nordrhein-Westfalen ein erhebliches Finanzproblem beschert. Die ausgefallene Gehaltserhöhung musste nachgezahlt werden.

Zwei Besonderheiten sind zu vermerken. Die Verfassungsrichter, in der Mehrzahl oder alle im öffentlichen Dienst des Landes, haben somit auch in eigener Sache entschieden. Solche Interessen, auch Neigungen und Aversionen, sind bei Richtern

[9] 2 BvF 1/73, BVerfGE 36, 1 ff.

[10] Verfassungsgerichtshof NRW, Urteil vom 01.07.2014, - 21/13 -, DVBl 2014, 1059 ff.

nie ganz auszuschließen. Sie leben unter uns, bedenken die Folgen ihrer Rechtsprechung auch für ihren eigenen Lebensbereich und bringen Ihre Alltagserfahrungen durchaus fruchtbar in Ihre Arbeit ein. Und im Übrigen zählt stets die Begründung einer Entscheidung. Ist sie plausibel, dann kann die Frage nach einem persönlichen Interesse der Richter auf sich beruhen.

Bei dem nordrhein-westfälischen Besoldungsstreit hat sich das Gericht mit seinen Gründen große Mühe gemacht und plausibel argumentiert, selbst wenn man erstaunt erfährt, was sich aus den „hergebrachten Grundsätze des Berufsbeamtentums" so alles zur Stärkung des Beamtenstandes ableiten lässt. Zugleich fiel auf, dass die Gegenseite in der voraufgehenden öffentlichen Auseinandersetzung eher wortkarg war. Natürlich brauchte das Land Geld und dafür eine Ersparnis. Warum aber der Zugriff bei den Gehältern höherer Beamter berechtigt und angemessen war, wurde nicht dargelegt. Man wollte sich dazu auf einen Meinungsstreit nicht einlassen. Um des lieben Friedens willen? Oder aus Skepsis gegenüber den eigenen Argumenten? Die betroffenen Beamten werden das Letztere angenommen haben und wären ohne die gerichtliche Korrektur ihrem hilflosen Groll überlassen geblieben.

Familienrecht

Hochaktuell, aber nicht erst in der Gegenwart, ist der familienrechtliche Konflikt des Bundesverfassungsgerichts mit der politischen Mehrheit im Bund. So hat sich der Gesetzgeber schon in den Anfangsjahren der Bundesrepublik mit der Erfüllung des Gleichstellungsauftrags des Art. 3 Abs. 2 GG so lange Zeit gelassen, dass das Verfassungsgericht selbst das Familienrechts an das Grundgesetz anpassen musste – und damit wichtige Vorarbeit für die späteren Familienrechtsreformen, besonders die von 1957 und die von 1977, geleistet hat.[11]

Gegenwärtig geht es darum, welche für Eheleute bestehenden Rechte eingetragenen gleichgeschlechtlichen Partnerschaf-

[11] Urteil vom 18. 12. 1953 – 1 BvL 106/53 –, BVerfGE 3, 225 ff.

ten zustehen, etwa im Steuerrecht oder bei der Adoption. Nicht einmal die Bundestagsmehrheit, sondern die Mehrheit in der Regierungskoalition sträubt sich beharrlich, den vom Bundesverfassungsgericht vorgezeichneten Linien zu folgen und die fälligen gesetzlichen Regelungen zu treffen. Dem Bundesverfassungsgericht blieb es überlassen, die gegenwärtige Rechtslage beim Steuersplitting durch verbindliche Entscheidungen zu beanstanden und so die Änderung zu erzwingen.[12] Entsprechendes wird absehbar beim Adoptionsrecht folgen.

Zugleich hat das Gericht den Familienbegriff des Artikels 6 GG über die Vorstellung von der ehelich begründeten Familie hinaus deutlich erweitert. Es stößt damit auf viel Zustimmung, bei den Kritikern aber teils auf Resignation, teils auf Ablehnung. Richterliche Rechtsfortbildung dürfe nicht dazu führen, dass der Richter seine eigene Gerechtigkeitsvorstellung durchsetze, wo der Gesetzgeber zuständig sei, heißt es dazu in einem Kommentar im Archiv für öffentliches Recht.[13] Der richterlichen Rechtsfortbildung seien Grenzen gesetzt, und diese habe das Gericht nicht ausreichend beachtet.

Gerade weil die Grenzziehung umstritten ist und stark von der persönlichen Einstellung der Beteiligten abhängt, sind die gerichtlichen Entscheidungsgründe und die rechtspolitische Lage bei einer Bewertung kritisch zu berücksichtigen. Dabei gibt es aus der bisherigen Rechtsprechung des Gerichts gewiss einiges hinzuzulernen, was manche nicht leicht akzeptieren werden. Eine eindeutige Grenzüberschreitung aber zeigt sich nicht.

Das mag anders zu sehen sein, wenn weitere Gerichtsentscheidungen sich mit der Ehe und mit ihrer Begrifflichkeit be-

---

[12] Beschluss vom 07. 05. 2013 – 2 BvR 909/06, 2 BvR 1981/06, 2 BvR 288/07, Neue Juristische Wochenschrift (NJW) 2013, 2257 ff.

[13] Christoph Groepl, Yves Goerg (2014): Die Begriffe „Eltern" und „Familie" in der neueren Rechtsprechung des Bundesverfassungsgerichts aus methodischer und verfassungstheoretischer Sicht, Archiv des öffentlichen Rechts (AöR), Bd. 139, 125–151.

fassen werden. Würde es das Gericht akzeptieren, dass die eheliche Lebens- und Wirtschaftsgemeinschaft durch Streichung wichtiger rechtlicher Vorteile entkernt wird? Die Abschaffung oder weitgehende Reduzierung des steuerlichen Ehegattensplittings ist Programmziel nicht nur einer Partei. Der Wegfall der kostenlosen Mitversicherung des schwächeren Ehepartners für den Krankheitsfall ist im Gespräch, ebenso die Witwenrente und -pension. Der Zugewinnausgleich, inhaltlich begründet wie das steuerliche Ehegattensplitting, dürfte in der Logik dieser Vorstellungen auch auf den Prüfstand kommen.

An solchen Punkten würde eine weitreichende Abweichung des Bundesverfassungsgerichts von der bisherigen Rechtslage weitere und gewichtige Gründe für den Vorwurf der Kompetenzüberschreitung bringen. Gleiches wäre zu erwarten, wenn das Gericht den Begriff der Ehe ohne weiteres, also z. B. ohne Grundgesetzänderung, dahin erweitern würde, dass darunter auch gleichgeschlechtliche Partnerschaften zu verstehen sind. Statt einer Reihe besonderer Regelungen würde einfachheitshalber das Eherecht den Partnerschaften umfassende Rechte bringen und den gesellschaftlich wichtigen Anschein, dass eben eine „Ehe" vorliegt, nicht eine Partnerschaft und nicht die in der Mediensprache anzutreffende „Homo-Ehe". Aus dem Kreis der Mitglieder des Bundesverfassungsgerichts ist diese Rechtsänderung schon gefordert worden.[14] Aus dem Gericht als solchem gibt es dazu keine Hinweise.

In diesem Zusammenhang ist die Replik des Gerichts und seiner Unterstützer zu würdigen, die für die Gesetzgebung zuständigen Politiker mögen sich nicht beschweren, wenn sie sich ohne zureichende Gründe oder schlicht aus Scheu vor der Verantwortung um offensichtlich fällige gesetzliche Regelungen drückten und die Entscheidung dem Gericht überließen oder sogar zuschöben.

---

[14] Susanne Baer (2013): Gleichberechtigung revisited, Neue Juristische Wochenschrift (NJW) 43, 3145 ff.

Ein Beispiel dafür habe ich bei der Familienrechtsreform 1977 mit Vergnügen beobachtet und bin angesichts der Grundsatzfrage später nachdenklich geworden. Für die rückwirkende Geltung der neu eingeführten Gestaltungsrechte von Eheleuten beim Familiennamen vermochte die SPD/FDP-Koalition die im Hinblick auf die Bundesratskompetenz unentbehrliche Zustimmung der CDU/CSU-Opposition zunächst nicht zu erreichen. Gerhard Jahn, der zuvor als Bundesjustizminister die ganze Reform kräftig gefördert hatte, ließ sich als Verhandlungsführer der Koalition auf einen Kompromiss ein, von dessen Unvereinbarkeit mit dem Gleichstellungsgebot des GG er dabei ausging. So konnte die Reform beschlossen werden und wurde bald danach an dem kritischen Punkt vom Bundesverfassungsgericht „nachgebessert".[15] Ein geschicktes Manöver gewiss, aber zugleich die bewusste Verlagerung einer Entscheidung des Gesetzgebers ins Gericht.

Eine im Ergebnis ähnliche Haltung wird heute der CDU/CSU-Mehrheit in der Koalition vorgehalten, wenn sie sich der fälligen Rechtsausstattung der gleichgeschlechtlichen Partnerschaften verweigert und sich stattdessen lieber vom Gericht „vorführen" lässt. Man kennt eine solche Einstellung aus den Überlegungen in Stadt- und Gemeinderäten, die trotz eindeutiger Rechtsbelehrung seitens ihrer Verwaltungen einer rechtsextremen Partei die Stadthalle verweigern und sie dann eben nicht freiwillig, sondern unter dem Zwang einer verwaltungsgerichtlichen Entscheidung den Antragstellern überlassen. Begreiflich ist das, unbedenklich im Hinblick auf die Wahrung der Zuständigkeiten aber nicht.

[15] Beschluss vom 31. 05. 1978 – 1 BvR 683/77 -, BVerfGE 48, 327 ff.

III.

Ist nun das Gewicht der Gerichte neben den gesetzgebenden und verwaltenden Körperschaften zu stark? Wird der Anschein dieser Macht auch noch durch forsche Öffentlichkeitsarbeit verstärkt? Dem insoweit aktiven und selbstbewussten Präsidenten des Bundesverfassungsgerichts wird vorgehalten, das Gericht solle in seinen Entscheidungen, aber nicht in Reden und Interviews seine Meinung verkünden. Der Vorhalt ist zulässig, wie andere Kritik auch, und ebenso zulässig ist das Auftreten des Gerichtspräsidenten. Wie da Unwuchten vermieden und die richtigen Maßstäbe entwickelt werden, kann der öffentlichen Diskussion überlassen bleiben, die ihre Wirkung auf die Beteiligten einschließlich der anderen Mitglieder des Gerichts durchaus tut.

Anlass zur Kritik gibt immer wieder die Verfahrensdauer bei Großvorhaben. Da möchte der Staat oder die Wirtschaft mit staatlicher Zustimmung eine Autobahn oder ein Kraftwerk bauen und kommt damit nicht von der Stelle. In Voerde am Niederrhein steht ein Kraftwerk, das vor seiner Errichtung Gegenstand insgesamt zehnjähriger Gerichtsverfahren gewesen ist. Danach konnte gebaut werden, und zugleich wurden aus diesem Verfahren auch weitreichende Folgerungen zur stärkeren Information und Beteiligung der Öffentlichkeit und zur Straffung der Verfahren gezogen. Was weiterhin zur Verzögerung von Vorhaben führt, ist zumeist ebenso unvermeidlich wie lohnend. Die Verzögerung ist ärgerlich, der Gewinn an Akzeptanz des umstrittenen Projekts aber wertvoll. Demonstrationen, Krawalle und Straßenkämpfe, oft unter Berufung auf Gewissensentscheidungen geführt, sind seltener geworden. Die Verfahren haben Befriedung gebracht, durch offene Information, durch einleuchtende Argumentation im Streit und immer wieder auch durch Zusatzmaßnahmen und Einschränkungen, die den Belangen der Opponenten Rechnung getragen haben.

Im Ganzen sind die Konfliktrisiken zwischen politischer Macht und Rechtsprechung in Deutschland gut gelöst. Die Richter urteilen über gesetzliche Regelungen und Unterlassungen sowie über Verwaltungsakte maßvoll und verantwortungsbewusst. Die Bürger und die politisch Verantwortlichen können mit den Ergebnissen leben. Wo sie das nicht möchten, ist Urteilsschelte zulässig, wie z. B. Norbert Blüm sie in seinen Büchern übt (Blüm 2014). Von solchen Möglichkeiten sollte weiterhin beherzt Gebrauch gemacht werden, statt sich von der Vorstellung einschüchtern zu lassen, Richter hätten Anspruch auf klaglose Hinnahme ihrer Entscheidungen. Allerdings empfiehlt sich in solchen Fällen, anders als weit verbreitet, die sorgfältige Sichtung des Urteils und seiner Gründe, anstelle einer bloßen Kenntnisnahme jener „Ersatzakten“, die in mehr oder minder gründlichen und auch anreißerischen Medienberichten bestehen.

Der deutsche Rechtsstaat wird durch eine im Ganzen überzeugende Rechtsprechung gewährleistet. Neben der rechtsstaatlichen Praxis anderer Länder kann er sich sehen lassen. Daraus resultiert im Innern ein hohes Ansehen der Gerichte, besonders des Bundesverfassungsgerichts. Dass es die Erfüllung des Grundgesetzes fördert und diese kürzlich zu ihrem sechzigsten Jahrestag mit Recht gelobte Verfassung ins Leben bringt, weiß die große Mehrheit der Bevölkerung zu schätzen. Für die Gerichtsbarkeit im Übrigen gilt trotz mancher Vorbehalte Ähnliches.

Zieht man die Folgerung aus den bisherigen Betrachtungen, so lässt sich leicht erkennen, dass der Rechtsstaat mit seinem zentralen Element der unabhängigen, funktionsfähigen Gerichtsbarkeit in der Tat für die Politik Schranke und Stütze zugleich ist. Das Recht wäre hilflos ohne den Richter. Es wäre auf appellative Funktion beschränkt, wo den Mächtigen keine Grenze gezogen würde.

Zur Rechtsprechung gehört die Ausfüllung von Generalklauseln ebenso wie die Vergegenwärtigung der Rechtsnormen.

Wenn das gute Gesetz klüger ist als der Gesetzgeber, dann muss sich nach zehn oder fünfzig Jahren eine Institution finden, die diese Klugheit über das Verständnis der Gesetzgebungszeit hinaus zur Geltung bringt.

Schranken für die Staatsgewalt ergeben sich daraus ebenso wie aus dem Schutz des Schwachen gerade gegen hoheitliche Eingriffe. Verwaltungsgerichte bis hin zum Bundesverfassungsgericht gewährleisten, dass bei uns einzelne Menschen den Staat mit Erfolg verklagen und ihm vor Gericht eine Niederlage zufügen können. Wenn etwas zum Stolz auf den demokratischen Rechtsstaat des Grundgesetzes Anlass gibt, dann sind es diese Gewährleistung und ihre vielfältige Praxis.

Die hilfreiche Unterstützung, die die Politik von einer solchen Rechtsprechung erfährt, wiegt die Einschränkungen durch ihre Grenzziehungen mehr als auf. Die gerichtliche Klärung und Entscheidung von Streitigkeiten ist nicht nur an die Stelle des nach verheerenden Wirkungen verbotenen Faust- und Fehderechts getreten. Sie führt auch gerade im demokratischen Rechtsstaat dazu, dass Streitigkeiten mit befriedender Wirkung geklärt werden, selbst wenn das nicht zum Kompromiss, sondern zum Unterliegen einer Seite führt. Die legendäre Berufung des Müllers von Sanssouci auf das Berliner Kammergericht in seinem Konflikt mit Friedrich dem Zweiten von Preußen ist in zeitgemäßer Form auch heute gebräuchlich. Dagegen klage ich, sagen von staatlichen Maßnahmen Betroffene und ergänzen das nicht selten mit den Worten: „Dafür gehe ich bis nach Karlsruhe." Man verspricht sich etwas von der Justiz und wenn man nach der Enttäuschung über die Politik auch bei ihr erfolglos bleibt, dann wenigstens nach einem gründlichen Verfahren, bei dem alles zur Sprache gekommen ist.

Wie lebt es sich nun damit, dass Inhaber der Staatsgewalt mit aller Mehrheit, die sie im Parlament haben mögen, nicht allein entscheiden können, was tatsächlich als Recht gilt. Die Richter können es auch nicht, aber sie wirken gestaltend daran mit. Im Ärger bei den daraus folgenden Konflikten wird manchmal die wertvolle friedensstiftende Wirkung der Gerichtsentscheidungen ignoriert. Unwillig wird die Frage in Vordergrund gestellt, wer denn nun eigentlich zu sagen habe, wo es lang gehe. Dahinter steht die populäre Erwartung, einer müsse es doch sein.

Einer ist es eben nicht. Legitimiert durch die im geordneten und fairen Verfahren getroffene Wahlentscheidung der Bürgerschaft sind es die unmittelbar oder mittelbar bestellten Inhaber der verschiedenen Staatsgewalten, die im Zusammenwirken den Weg bestimmen. Das ist ein dauernder Prozess, in dem ständig begründete Argumente gefordert werden, in dem die Werbung um Zustimmung unverzichtbar ist. Der früher so populäre „kurze Prozess" findet nicht statt. Er wäre unerträglich.

Der deutsche Rechtsstaat ist nicht perfekt. Verbesserungen braucht er ständig und wird hoffentlich niemals Verschlechterungen hinnehmen müssen. Aber schon in seiner bisherigen Reife ist seine Idee ein Exportartikel in Staaten, die geordnete demokratische Strukturen aufbauen wollen. Die Unfähigkeit von Staaten, ein funktionierendes Justizsystem zu schaffen und zu erhalten, sei einer der Hauptgründe von Armut, führte kürzlich der Leiter der Asiatischen Menschenrechtskommission, Basil Fernando, in einem deutschen Zeitungskommentar aus.[16] Erst müsse das Rechtssystem radikal verbessert oder aufgebaut werden, dann sei an die Bekämpfung der Armut zu denken, meinte er.

Deutschland wird mit seiner Stabilität und wirtschaftlichen Leistungsfähigkeit international geschätzt. Das Recht im Rechtsstaat hat den Politikern und allen gesellschaftlichen Kräften bei dieser Leistung geholfen.

[16] Basil Fernando, Wenn der Richter zum Räuber wird, „Außenansicht", Süddeutsche Zeitung vom 30. 10. 2014.

Literatur

Blüm, Norbert (2014): Einspruch – Wider die Willkür an deutschen Gerichten, Frankfurt/Main.

Demke, Christoph / Falkenau, Manfred / Zeddies, Helmut (Hrsg.) (1994): Zwischen Anpassung und Verweigerung. Dokumente aus der Arbeit des Bundes der Evangelische Kirchen in der DDR, Leipzig.

Doerry, Martin / Janssen, Hauke (Hrsg.) (2013): Die Spiegel-Affäre – Ein Skandal und seine Folgen, München.

Kilz, Hans-Werner / Preuss, Joachim (1983): Flick – Die gekaufte Republik, Spiegel-Buch, Reinbek.

Roggemann, Herwig (Hrsg.) (^{2}1976): Die DDR-Verfassungen, Berlin.

Silomon, Anke (1997): Synoden und SED-Staat, 1997.

Autorenverzeichnis

Dr. rer. nat. Christian Ammer (Jg. 1948)
Physiker, wissenschaftlicher Mitarbeiter an Instituten der Akademie der Wissenschaften der DDR, Max-Planck-Gesellschaft, Universität Halle-Wittenberg und Leibniz-Gemeinschaft, seit 2007 wissenschaftlicher Sekretär der Evangelischen Forschungsakademie.

Prof. Dr. iur. Udo Ebert (Jg. 1940)
Professur für Strafrecht in Heidelberg (1973), Bielefeld (1974), Mainz (1980) und Jena (1995), Mitglied der Sächsischen Akademie der Wissenschaften und der Evangelischen Forschungsakademie.

Prof. Dr. theol. Eilert Herms (Jg. 1940)
Professur für Systematische Theologie in München (1979), Mainz (1985) und Tübingen (1995).

Prof. Dr. iur. Dr. phil. Dr. h.c. Günter Jerouschek, M.A. (Jg. 1950)
Professur für Strafrecht und Strafprozessrecht in Halle (1992) und Jena (1997). Psychoanalytiker in freier Praxis (1991-1997); Ehrenpromotion durch die Eötvös-Loránd-Universität Budapest (2007).

Prof. Dr. theol. Andreas Lindemann (Jg. 1943)
Professur für Neues Testament an der Kirchlichen Hochschule Wuppertal/Bethel, seit 2007 Direktor der Evangelischen Forschungsakademie.

Prof. Dr. iur. Gerhard Otte (Jg. 1935)
Professur für Deutsche Rechtsgeschichte, Bürgerliches Recht und Juristische Methodenlehre in Bielefeld.

Dr. iur. Dr. h.c. Jürgen Schmude (Jg. 1936)
Bundesminister für Bildung und Wissenschaft (1978-1981), der Justiz (1981-1982) und des Innern (1982); Präses der Synode der EKD (1985-2003); Mitglied im Deutschen Ethikrat (2005-2012); Ehrenpromotion durch die Evangelisch-Theologischen Fakultät der Universität Bonn (2009).

Kirchenrat Dr. Arno Schilberg (Jg. 1960)
Juristischer Kirchenrat der Lippischen Landeskirche in Detmold, Mitglied der Evangelischen Forschungsakademie.

Prof. Dr. iur. Gerhard Seher (Jg. 1965)
Professur für Strafrecht, Strafverfahrensrecht und Rechtsphilosophie an der FU Berlin (2011).

Personenverzeichnis

Ausgewählte Tagungsbände der Evangelischen Forschungsakademie

ERKENNTNIS UND GLAUBE

Schriften der Evangelischen Forschungsakademie NF
Evangelische Verlagsanstalt Leipzig

Band 36 *Hans-Jürgen Schmidt* (Hrsg.)
Heimat und Fremde
2006, 86 S.
Beiträge von *Roel Kuiper, Gunda Schneider-Flume, Infrid Tögel, Klaus Vogel.*

Band 40 *Hartmut Böhm, Konrad Ott* (Hrsg.)
Bioethik – Menschliche Identität in Grenzbereichen
2008, 180 S.
Beiträge von *Hartmut Böhm* und *Konrad Ott, Jürgen Hescheler, Christopher Coenen, Hermann Barth,* Podiumsdiskussion.

Band 42 *Bernhard Marx* (Hrsg.)
Widerfahrnis und Erkenntnis – Zur Wahrheit menschlicher Erfahrung
2010, 234 S.
Beiträge von *Bernhard Marx, Burkhard Liebsch, Olaf Breidbach, Gregor Schiemann, Michael Großheim, Reinhard Blänkner, Michael Beintker, David Hornemann, Christian Lehnert.*

Band 43 *Rainer-M. E. Jacobi, Bernhard Marx* (Hrsg.)

Schmerz als Grenzerfahrung

2011, 244 S.

Beiträge von *Rainer-M.E. Jacobi, Christian Grüny, Annette Hilt, Johannes Picht, Hendrik Karpinski, Gerald Schröder, Iris Hermann, Burkhard Liebsch, Rüdiger Lux.*

Band 44 *Christian Ammer, Andreas Lindemann* (Hrsg.)

Hirnforschung und Menschenbild

2012, 255 S.

Beiträge von *Christian Ammer, Henning Scheich, Bernd Weber, Wolfgang Prinz, Gerrit Glas, Dieter Sturma, Ulrich H.J. Körtner, Udo Ebert, Richard Saage,* Generalaussprache.

Band 45 *Martin Heimbucher, Alfred Krabbe, Martin Quilisch* (Hrsg.)

Wie auch wir vergeben unseren Schuldnern ... Geld – Glaube – Zukunft

2014, 260 S.

Beiträge von *Hansjörg Herr, Klaus Dörre, Martin Quilisch, Hermann Michael Niemann, Andreas Lindemann, Jürgen Kampmann, Jochen Hörisch, David Lohmann, Birger Priddat,* Rundgespräch.

Christian Ammer, Vicco von Bülow, Martin Heimbucher (Hrsg.)

Herausforderung Menschenwürde

Evangelische Impulse Band 2, Neukirchen-Vluyn, 2010, 302 S.

Beiträge von *Christian Ammer, Gunda Schneider-Flume, Peter Kunzmann, Marcus Düwell, Georg Lohmann, Gregor Paul, Udo Ebert, Renate Schernus, Frank Martin Brunn, Rüdiger Lux,* Podiumsdiskussion.